王邦雄 —— 著

庄子寓言说解

自 序

《老子道德经的现代解读》出版之后，我重写了其中三章。首先重写的是"勇于敢则杀，勇于不敢则活"的七十三章。旧本读来也算说理顺畅，不过"勇于敢则杀"与"勇于不敢则活"之间，到底是界域的平对并列，还是层次的超越区分，未给出明确的分判。就在敏隆讲堂的讲课现场中，从缠绕心头的困惑说起，做一个现在进行式的探索，在困惑中找出路，终究逼出了豁然开朗的合理解说。回家之后，就把这两个钟头自问自答的析论过程给写了出来。

其次重写的是"载营魄抱一，能无离乎"的第十章，那一章六句独立的话语并列，而以"生而不有"的"玄德"作结。原本是学生依台湾辅仁大学哲学系课堂所说整理而成，当初迫于出版时间，经润饰之后还算流畅可读。未料，在不同的班上导读，自己一边读一边叹气，结构松散不说，文字也过于浅白，与《道德经》的经典语气不合，所以发愤重写。就由于口语松散，篇幅冗长，正好留下了可以发挥的空间，让我写出了全书诠解最为精到的一章。本来我自觉写的最有创见的是三十三章,这一章写出,三十三章就只好退居其后了。

最后重写的是"绝圣弃智,民利百倍"的第十九章,问题出在"绝巧弃利",凭什么它可以跟"绝圣弃智"与"绝仁弃义"这两句无比重大之直批儒学的语句相提并论,甚至鼎足而三?故转以"绝圣"下开"绝仁弃义"之心知执着的自我解消,以"弃智"下开"绝巧弃利"之人为造作的无为治道的理路架构来解读,让三者看似分立,实则一体统贯。我在不同的版次重写这三章,内心过意不去,向编辑群保证,这已是定本,不会再重写改版了。

相对来看,《庄子内七篇·外秋水·杂天下的现代解读》①与《老子道德经的现代解读》之间最大的不同在,后者并不是依章次逐章写下来,而是在副刊写专栏,依自家当下的感触,在八十一章中挑相应的某一章来书写;前者是从第一篇第一段的第一句解起,循序渐进,一段一段写,一句一句解,不会因着自己的讲课心得,看哪一篇比较受用,或哪一段有独到见解,而抢先写下。所以段落与段落间有前后呼应之功,篇章与篇章间亦有相互印证之妙。且在解读之前,不看自己已刊行的学术论文或哲理散文,如《庄子道》《走在庄子逍遥的路上》《儒道之间》《中国哲学论集》《生命的实理与心灵的虚用》等书,因

---

① 本次出版更名为《庄子的现代解读》。——编者注

为看昔日旧作，等同抹杀了讲课现场的氛围激发与一路走来的生命成长，所以书房写书保有现场讲课的存在感，以生动的笔触解读厚重的经句，字里行间藏不住临场挥洒的灵感创意。

《庄子内七篇·外秋水·杂天下的现代解读》出版迄今已过了两年，仅有几个错字的订正，没有改写任何片段，唯一的发现在《大宗师》第三大段，标示出来的纲目是"善恶两忘的化身入道"，经文原典是"与其誉尧而非桀也，不如两忘而化其道"，尧、桀，一圣王、一暴君，圣王是善、暴君是恶，所以"两忘"指涉的一定是善恶，"化其道"的"化"，说的是自我解消的修养功夫，看上下文脉络，解消的当是善恶的执着分别，通过化其身的功夫，以证入道的理境。以庄解庄，"化身"就在"坐忘"功夫的"离形去知"，入道就在"坐忘"境界的"同于大通"。问题在颜回说坐忘出现在倒数第二段，不好以后面的段落来诠释表述，所以若改为"善恶两忘而证入一体无别之境"，就妥帖许多。不标榜尧，就不会逼出想当尧却堕为桀的悲剧，想当尧是心知的执着，堕为桀则是人为造作的适得其反。

由于《庄子内七篇·外秋水·杂天下的现代解读》的序文，写的是"病中写庄"的心思转折，发表在联副[①]为的是让诸多的师友了解放心。解读《庄子》比起解读《老子》来说，写得更

---

① 指《联合报》副刊。——编者注

投入，更专注，也更用心。《老子》仅五千言，故解读时力求精要，未引历代注解，而直接就原典架构展开解读，反而平易可读。解读《庄子》时心中牵挂着有博士生正写学位论文，所以碰到关键难解处，就得引述各家说，比较其异同，再依据原典经义做出判别。理路一样清晰严谨，读者朋友却可能被困在各家说的文字障里，而难以卒读。故两年下来才出第二刷，销量远不如《老子道德经的现代解读》。

实则，《庄子》有故事性，且文学意味重，理当得到广大读者的喜欢，或许是因为这一大本的分量，让人有不可承受之重。编辑群检讨的结果，是《老子道德经的现代解读》有《老子十二讲》这样浅白易懂的前导书引领，而《庄子内七篇·外秋水·杂天下的现代解读》却少了一本可以接引入门的前导好书。所以商请可否就几场演讲做出整理，第一场在中正纪念堂讲"在无何有之乡做蝴蝶梦"，讲庄子寓言中所蕴含的人生哲理，第二场在台湾文学馆讲"读庄子话人生"，第三场在松山信义学堂讲"在人间世逍遥游"。把第一场解析寓言故事的讲词大幅扩充，而以更完整、更贴近现代的面貌呈现，列为上半部的"在无何有之乡做蝴蝶梦"；再将第二场与第三场的人生讲论合而为一，竟天衣无缝而可以一体并现，可能是两场演讲时间贴近，关怀与思绪接续连接的缘故吧！此列为下半部的"在人间世逍遥游"。全书就以"庄子寓言说解"为名，前半部讲有趣味性、有启发性的寓言故事，后半部讲有现代关怀的存在感受。

这一本前导书，说是由演讲词整理而成，实则等同重写。只是顺应讲堂面对面的独特氛围与日常语言的对话语气，一路书写下来，较有亲切感与感染力，读来就不会困在理论的建构与概念的思辨中，而可以直透生命，解消心结情累，而活出自在自得的美好一生。

有这一本前导书，就可以引入现代解读之门，且进一步地窥其堂奥了。

王邦雄　序于秀冈心斋

二〇一五年八月三十一日

目　录

I
在无何有之乡做蝴蝶梦
——解寓言说哲理

前言　香格里拉在每一个人的心里……………………003
存在处境的两难困局——材与不材………………………007
人间的牵引流落——罔两问景……………………………019
人我的相知契合——濠梁之辩……………………………027
解开人世的困结——庖丁解牛……………………………035
生命的交会成长——庄周梦蝶……………………………043
人生的当机示相——神巫季咸……………………………049
凿破浑沌的死亡与重生——浑沌之死……………………059
叔山无趾的迷失与觉悟——踵见仲尼……………………065
方内方外的并行共游——道术相忘………………………071

II
在人间世逍遥游
——读庄子话人生

前言 引传统进入现代，让经典回归生活的现代解读 ⋯⋯ 081
解消忙、茫、盲的生命病痛 ⋯⋯⋯⋯⋯⋯⋯⋯⋯⋯⋯⋯ 085
自我有限而人间复杂的存在困局 ⋯⋯⋯⋯⋯⋯⋯⋯⋯⋯ 091
以"物"的有限，游出"心"的无限 ⋯⋯⋯⋯⋯⋯⋯⋯⋯ 103
虚而待物，活出自己 ⋯⋯⋯⋯⋯⋯⋯⋯⋯⋯⋯⋯⋯⋯⋯ 113
在虚静观照中照现真实美好 ⋯⋯⋯⋯⋯⋯⋯⋯⋯⋯⋯⋯ 123
在自在自得间"然"自己 ⋯⋯⋯⋯⋯⋯⋯⋯⋯⋯⋯⋯⋯⋯ 131
用自家的"真"活出一生的美好 ⋯⋯⋯⋯⋯⋯⋯⋯⋯⋯⋯ 141
"有""无"的生命智慧 ⋯⋯⋯⋯⋯⋯⋯⋯⋯⋯⋯⋯⋯⋯⋯ 149

附录 寓言原典 ⋯⋯⋯⋯⋯⋯⋯⋯⋯⋯⋯⋯⋯⋯⋯⋯⋯ 157

I

在无何有之乡做蝴蝶梦
——解寓言说哲理

前言　香格里拉在每一个人的心里

在午后而未近黄昏的时光，若躺在大树荫底下的无何有之乡，可做一场蝴蝶梦。

"无何有"就是什么都没有，"乡"就是乡土，"在无何有之乡做蝴蝶梦"，"无何有之乡"出自《庄子·逍遥游》。你心里面没有执着，没有分别，没有比较，没有得失，也就没有患得患失。你的心空出来——道家智慧的"无"，由无心、无知、无为、与无用、无事、无欲的修养功夫而来——心里面完全放下来，那时候的乡土叫"无何有之乡"。这是几千年来中国人的梦，是我们永远向往的桃花源，一个境界形态的世外桃源。世外桃源不在天涯海角，香格里拉你说在西藏吗？在云南吗？我可以说在青海啊！也可以说在河西走廊丝路上的某一个点、在阿里山或在我们的玉山公园。所以，那不是景观的问题，而是心灵的问题。每一个人心里，不要有那么大的执着，那么多放不下的痴迷，不管你立身何处，那个地方就是"无何有之乡"，且是"广漠之野"。广漠之野,是开阔无垠的田野,一眼看去,无边无际,没有藩篱,没有围墙,没有城堡,没有两军对峙的边防。无何有之乡,不在世界的哪一个角落,而藏在我们的心里。

蝴蝶梦出自《庄子·齐物论》,"庄周梦为蝴蝶",梦中打破了人我之间形体的界限。我们可以是我们的父母,也可以是我们的儿女;我们可以是我们的先生,也可以是我们的太太;我们可以是我们的亲人、朋友、同学或同事。你可以跟他一样的感受,甚或你就是他,感同身受,你的"心"跟他的"心"同在,你的"气"跟他的"气"同行,哪里会有纷扰、会有争端?那么多的悲愁,那么多的困苦,那么多的哀伤,都来自我们放不下、走不开、忘不了。释放自己,就是释放天下。人生的美好,就在无何有之乡做一场蝴蝶梦。

明代高僧憨山大师,他贯通儒道佛三大教,他说:"老之有庄,犹如孔之有孟。"老子之后有庄子,就像孔子之后有孟子。中国几千年并行的两大教、两大家的思想,开创者当然是太上老君老子跟至圣先师孔子;而重大的关键人物,却是庄子跟孟子。两大教的两大天才型思想家,在历史文化的进程中千古同步。孟庄的年代是同时的,但很惋惜,他们两位竟没有会面;否则,整个中国哲学史要为之改写。道家思想到了庄子,在理论上已经架构完成,而在生命的灵动上却更开放。《庄子》不好读，要先读过《老子》，再来读《庄子》，才能够看出《庄子》藏在字里行间的义理，到底有什么玄妙之处。

庄子说他是"寓言十九"，"十九"是十分之九，十几万字的大部头著作，十分之九是寓言故事。寓言故事就是讲故事给大家听；但是，其中寄寓的深刻哲理，要靠我们自己去体会，看我们有什么慧解妙悟了。它就像一座宝藏，等我们自己去开发，那是属于生命智慧的源头。在"寓言十九"中，又言"重言十七"。所谓重言，就是请孔子说、老聃说，尽管都是寓言故事，其中十分之七是重言。从寓言、重言的比例来看，二者是重叠的，在寓言故事里，有时候请出孔子、有时候请出颜回、有时候请出老聃来当故事的主角，所谓重言就是请那些很有分量的人出来说话。

底下又说"卮言日出"，"卮言"是很率真的话，没有什么保留，没有什么隐藏。"日出"就是每天出现，意思就是不管寓言还是重言，通通都是卮言，都是天真的语言。真人讲真话，让真情流露，真相大白，道家追寻的就是一个"真"字，人生最严重的失落，就是大家变成假的。所以，"卮言日出，和以天倪"，意谓真言跟整个天道所透显出来的端倪品质等同，每一句天真的言语，都是天道的流行。"和以天倪"，你不觉得我们老在婴儿的脸上看到天道吗？一看到婴儿的脸，我们就得救了，我们可以遗忘街头上的纷扰，原来人生可以如此的和谐美好。

你要读《庄子》，它已经告诉你"寓言十九"了，而且寓言的主人翁，都是重量级的人物，像孔子、老子这样的人，像颜回、子贡这样的人，都成了庄子的代言人。庄子请他们出来说话，事实上，讲的是庄子的思想。在十分之九的寓言故事中，请重量级人物出来讲话的比例，有十分之七。寓言里面有重言，且不管寓言或重言，通通都是卮言，卮言就像漏斗直泻而下的童言童语。昔日乡土，不像现在这么进步，买酒是一瓶一瓶，甚至整箱整箱地购买，那时候要去店里打酒，用一个漏斗，插在瓶口之上，用勺子从大酒瓮舀出酒来，倒入瓶口上的漏斗，毫无保留地直泻而下，这叫"卮言日出，和以天倪"。童年的天真，就像天道直贯而下的纯真，今天且让我们寄身在无何有之乡，做一场蝴蝶梦。

心空出来，处处皆是"无何有之乡"！

存在处境的两难困局——材与不材

材与不材之间,
我们要超离社会"有用"与"无用"的相对区分之上,
回到每一个人的自己,那才是我们一生要走的路。

山中木无用,保有天年

这个寓言故事,出自《庄子·山木》篇,说庄子带着弟子在山中游学,看到山头有一棵枝叶繁茂、极为罕见且等同于神木级的大树。伐木工人群集于此,他们到山上来物色木材,就围绕在大树的周边,只是观赏,却没有人动手砍伐这棵大树。

庄子不解,问:"你们不是来找好木材吗?而今,大树美材就在眼前,为什么你们'止其旁而不取'呢?"伐木者回答说:"你只要看这棵树可以长得这么高、这么大,你就知道它的材质是'无所可用'的。假定它有用的话,老早就被砍掉了。"庄子听了之后,就随机指点追随在身边的众弟子说:"你们看看这棵大树,因为没有用,才能够'终其天年',享有它天生的年岁。"因为不材,没有什么用,闽南话说就是"无路用",没有用途的意思,像这样的材质,没有什么可以派得上用场。

主人雁①不会叫,被杀

这天傍晚,他们从山上下来,到了朋友的家,主人看到好久不见的庄子来了,赶快喊来童子说,杀一只鹅来接待嘉宾。童子就请教主人说,我们家有两只鹅,一只会叫,一只不会叫,请问要杀哪一只?还好鹅听不懂人的话,不然的话,生死存亡完全系在主人一念间,而不是由自身做出存在抉择,一定感觉很不好。

主人回答说:"杀那只不会叫的!"这个晚上,想必宾主同欢,久别重逢,一定有很多话要说。不过,这一餐一定吃得很闷。这顿鹅肉大餐虽味美,但对于被杀掉的那只鹅,大家可是

---

① 此处指鹅。——编者注

一肚子困惑——疑问闷在心里面，注定消化不良。

第二天清晨，一行人跟主人告辞，离开主人家。大概没走几步路吧，学生就迫不及待地问：老师，问题来了，昨天山中的木，是因为没有用，而保有它的天年；今天，主人家的鹅却因为不会叫而被杀。你不是教导我们，没有用是养生之道吗？可以存全生命吗？怎么这只鹅反而因为不会叫而被杀呢？老师的教言，立即被推翻了，大家忍不住要为这只鹅抱屈。树无用，可以长成大树；怎么鹅不会叫，反而"中道夭"呢？当下学生就请教老师：假如是你，你要怎么自处？庄子答道：我就处在山中木跟主人雁之间。

材与不材之间的两难

山中的那棵大树，跟主人家的鹅，二者之间，你要做出怎么样的抉择？庄子当然很难给出答案，只好笑着回答：我将处于"材与不材之间"。你要怎么样面对这样的人生困局？这一存在处境，已落在两难之中；且虽属两难，总得做出抉择。所谓"材与不材之间"，"材"是有用，"不材"是无用，说是有用，就不会是无用；说是无用，就不会是有用。庄子却说：我处在有用与无用之间。这是戏答的游戏文字，显现庄子的幽默感。他的意思是说，我是山中木的时候，我当然会以无用的姿态现身,因为无用,可以保有天年,长成一棵大树;当我是主人家的鹅,那本人就得猛叫,因为不会叫,就会有被杀的危险。

为什么我说这是一段游戏的文字?因为你的人生教言,在现实里面出现了难以两全的矛盾现象。所以,庄子只好用游戏的文字来回答。当我是山中木时,我无用;而我是主人雁时,我就大叫。这样的话,我就可以长成,而不会被宰杀。这终究是游戏的文字,因为你猛叫,也没有保证。诸位试想一下,万一那一天清晨,主人家在酣睡中,被一阵鹅声吵醒的话,那天傍晚给出的答案,可能就大不同了。他不会说杀那只不会叫的,反而会说杀那只乱叫的。所以,你就是会叫,也不见得可以保全自己,这叫两难。在叫与不叫之间,在材与不材之间,人生面对的是一个两难的困境。

回归天道本德,与天地同游

所以,处于材与不材之间,不是标准答案,不是最终解答,只是庄子一时的权宜之言,来回应学生的质疑。学生的问难,是大有道理的,你教导我们说,让自己无用,可以保有自身,那不是百分百,那没有必然的保证。庄子最后才说出他真正想要说的话,他说,人生只能"乘道德而浮游"。道德是道家义的道德,

"道"是天道,"德"是天真;从源头来说,是天道,从生命来说,是天真。天道生万物,天道内在于万物的德,就是每一个人都天生而有的本德天真,老子的书就以"道德经"为名,乘道德而浮游,意谓跟天地同在同行,无何有之乡,就是道德之乡。

道家的道德跟儒家的道德,指涉的义理内涵有异:儒家的理解,自觉有心才是道德;道家的智慧,无心天真才是道德。一样讲道德,孔子讲"志于道,据于德",又说"道之以德"。你以为只有老子讲道德吗?孔子最重要的观念,就在道德,而且还连起来说,要以德来引导天下人民。在"志于道,据于德"之后,又讲"依于仁",他的"德",跟他的"道",是通过"仁心"彰显出来的。儒家的道德,以不安、不忍的仁心、爱心作为依据。由仁心而贞定德行,再由德行而开出道路。人生的道路,是由德行来,而德行由仁心显发而来,你没有德行、仁心,你的德,行不出来,你的道,也开不出来。

"仁"有心负累,"不仁"无心自在

老子的《道德经》,是"天地不仁""圣人不仁","仁"是仁心、爱心;老子讲"不仁"是无心,因为你有爱心,你的心会起执着,爱会让我们高贵,爱也会让我们傲慢。道家一眼就看到心执着"爱"的后遗症,所以不仁、无心,就是"无"掉心知的执着。很多人在"爱"里面受苦受难，就是因为给出"爱"的人，太神圣了，太伟大了；而被爱的人，就好像失去自主权一样，相对之下，显得卑微。大男人主义的"大"，就从这边来的，因为小女子要靠男人的照顾与疼惜。

所以老庄的"德"跟"道"，是通过"不仁"来讲的。"不仁"是无心，解消你爱的执着，放下爱的高贵，不要那么神圣，不要那么伟大，这样才会尊重我们所爱的人，给出对等的尊严。"乘道德而浮游"，就是跟天地自然同在、同行，不是以落在人间社会的利害得失来评估，你要超离人间相对的是非，相对的美丑、善恶、成败与得失。所谓材与不材之间，意谓超离在人间材与不材的二分之上，而跟天地自然一体并行，这时候你才真正解消了这一存在处境的两难困局。

超离人间街头有用无用的价值二分

不然的话，你说什么话，都可能得罪人，我说这一边的演讲比较值得听，那一边的文物展不一定值得看，这不就得罪了展览的主办单位吗？行走人间，都在相对中，那边大排长龙，这边还有空位，然而这是活的经典，不是死的文物，这是我们的几千年文化，不仅是世界古文明之一。你一定有立场，你一定有角度，你一定有观点，在人我相对之间，你的观点就不可能是全面的观照。所以，我们只好超离在人间的成败荣辱与利害得失之上，这就是乘道德而浮游的意思。

搭出租车的时候，有位司机先生一路跟我聊天，他问我：你觉得台湾科技大学怎么样？我说很好哇！只是排名没有像台湾大学、台湾"清华大学"、台湾"交通大学"那么高而已，也是很好的大学。他说我女儿在这边念研究生。我问念什么专业？他说念土木专业，又说："她也考上了台湾成功大学，我劝她念台北这边。"我们总是要讲真心话，我说：当然啦！念这边也有道理，因为离家近，就读书情境来说，有家人的亲情作为支柱，读书才不会那么寂寞，不会感觉孤军奋斗。不过，我要老实说一句话，台湾成功大学可能比较好，比较开阔，比较有传统——我还是忍不住说了这句话。显然我的老庄不到家，还是用儒家来回应，因为面对天下父母心，这个时候我就很难用老庄说，直以儒家对应。

人间的热门可能是我的冷门

像这样，你到底是要念台湾科技大学，还是念台湾成功大学？一个在台北，一个在台南；一个可以跟家里连线，一个校园比较有传统。人生立刻要面对一个选择，你不可能两边都念。就我们当前来说的话，最直接面对的问题是，你是要念人文，还是念工商？或是念法政？现在法律系、政治系当红，大家的思考是什么科系最热门，工商是热门，那文理相对冷门。学生或儿女在填写志愿的时候，你会说当然要填热门。现在的青少年比较不一样，比较有主见，他可以念医科，但是他不要，他要念动物系。分数可以填到某一个医学院医科，但他选择的是台湾大学动物系，而且很多同学都是如此。看起来医科最热门，但他们想念动物系，也就是生命科学系。

是要依父母亲的出路思考，还是依儿女的才气志趣？是现在正热门，还是未来较有发展性？因为三十年风水轮流转，现在的热门，三十年后可能转成冷门；现在的冷门，或许三十年后转为大热门，这没有必然性。就像旧金山的硅谷，是我们新竹科学园区取经效法的模板，如今已经呈现没落的萧条景象，二十万人离开旧金山，南下到洛杉矶，原因是公司关门或裁员。不是尖端的吗？不是一片荣景吗？还是靠不住。所以，在热门、冷门之间，什么是我们要走的路？庄子告诉我们，你不要管社会的热门或冷门，你只要回到你的天真，你的道德之乡，"乘道德而浮游"，回到你自己的感觉，回到你自己的喜欢。

人间的冷门可能是我的热门

你喜欢，你一生才会守在那里，才会有成就。只要我真的喜欢，就算是社会的冷门，也会是我一生路上独一的热门。所以，在材与不材之间，我们要超离社会"有用"与"无用"的相对区分之上，回到每一个人的自己，你的性向，你的才情，你的遗传基因，你一路走过来的感觉与喜欢，那才是我们一生要走的路。人人走出自己想要走的路，老子说是"常道"；人人活出自己想要的内涵，老子说是"常名"。走出自己想要走的路，活出自己想要的内涵，这才是每一个人都要做出的存在抉择，而不是摇摆在有用、无用之间，跟着社会的流行、时髦走，而在那里举棋不定。社会流行什么，自己就跟着时尚走，那就是存在的迷失与价值的失落。

决定自己一生要走的路，对自己真诚，对自己负责，千万不要摇摆浮沉。我喜欢文史，我一生就走文史的路，不要一面对工商，就觉得自己欠缺、匮乏，好像输掉了一片大好江山。每一个人都有自己的一片天地，人人头上一片天，我们有自己的天空，这个叫"乘道德而浮游"。我们面对存在处境的两难困局之间，你到底要有用，还是无用？无用可以保全，还是有用可以存活？都靠不住，都是一时不定的。既然是相对，当然就没有保证；那我们就回归自己的性向才情，走自己理想抱负的路。通过儒家的话来讲，这叫当仁不让，或义无反顾。就道家来说，是归根复命：归根是回归天道的根源，复命是回归本德的天真，也就是"然"从自己来的"自然"。你要疼惜自己的才情气魄,还是要看社会的流行时髦往哪边走?如果随波逐流,流失的可能就是自己美好的一生。

不改的人可以不殆

实则,我的喜欢,就是唯一的热门,我要活出自己,走出自己想要走的路,活出自己想要的内涵。这样的人,就是老子所描述之天道的存在性格,一是"独立而不改",二是"周行而不殆"。我走我的路,我自己立,就是独立;我一生走我自己的路,我不改初衷,不改本色,不管人生的路走到哪里,我永远是我。只有独立的人,才可以周行。也只有不改本怀初衷的人,才可能不殆。像这样的人,就可以从存在处境的两难困局中走出来。不是人间社会的冷门或热门,而是我自己的门,独一无二的门;这是庄子在《山木》篇所抛出的人生议题。

你到底要走哪一条路?最基本的区分,就是有用跟无用,热门跟冷门,有出路或没有出路;庄子要我们超离在人间社会"用"的标准之上。青少年的分数主义,或大人世界的功利主义,主义是"义"要以何为"主",也就是执定"用"的标准。学生分数考得很高,这个学生很有用;那个人获利甚丰,所以他很有用,且大大地有用。如果表现不符合这一"用"的标准,就会被判为无用。有没有想过,每一个人的成长背景不同，机遇也不同，此中有人物的"命"与人间的"缘"。

"无"掉人间社会的小用，而活出自己生命的大用

我们来自不同的家庭、不同的成长环境，我们有各自不同的性向才情，你怎么可以用同样的标准来评估判定呢？我们要摆脱民间世俗的标准，不通过这个"用"的标准，来论定自身是有用，还是无用。庄子讲"无用之用，是为大用"，就是我"无"掉社会"用"的标准，摆脱了社会"用"的标准对我的拘束与羁绊，就是所谓的无用。"无"掉了社会的"用"之后，就能显现我自己的用，这才是我生命自身的大用。

"无用"，不是没有用，只是不愿意接受社会流行的价值标准，而回到我自己的美好，那是"无用"之后所显发的"用"。那个"无"当动词，"无"掉世俗流行的用，而回到人人自己的用。这样的用，让每一个人都有自己的用，才是大用；不然的话，少数人有用，大多数人无用，那是小用。大用就是人人走出自己的路，人人活出自身的用，而不是每个人在街头漂流，而失落自身的用。"无用之用，是为大用"，"无用"是松绑，不以"用"的标准绑死人间每一个人，而让每一个人活出自己本身的用。"大"在人人皆有用，人人都是"然"从自己来。

常道常名的放开自得

老子讲"无为",庄子讲"无用"。老子的政治智慧,是身在政治的殿堂,知识分子担负治国平天下的重任,你要"无心而为";庄子的人生智慧,更贴近民间世俗,对每一个人来说,要"无"掉社会"用"的标准,也"无"掉这一执着标准对我们生命的压迫。不然的话,人间多少人,一生自责,在分数主义下,在功利主义下,总觉得自己输掉了,那个是可道、可名的认可规定,而不是常道、常名的放开自得。常道、常名就是回到我自己,走我的路,活出我的内涵,我不接受社会的分数主义跟功利主义的宰制。你说道家思想很消极吗?但你听我讲话的语气,好像英雄豪杰说出的话吧!道德是天道人德,活出自己的真实美好,这不是人间最积极的吗?跟着人家跑,流落天涯,而痛失自己,那才消极。

这是在材与不材之间,做一个存在的抉择,"处乎材与不材之间",戏答背后藏有深意,看似摇摆在二者之间,实则超越在二者之上。庄子也说"似之而非也,故未免乎累",倘若一直在二者之间摇摆,在社会流行风向之间摆荡,社会风潮一直在转变,而你老被牵引而定不住自己,成为生命最大的负累。最后,会发现失落了自己的独特风格与品味,甚至不晓得自己到底是谁了。

人间的牵引流落——罔两问景

在人生的路上,不要让自己成为影子,
更不要成为影子的影子,逼出能当家做主的"心"来,
回到自己的本德天真,才能从人间的牵引流落中超拔出来。

"影子的影子"老被"影子"牵动

这是出自《庄子·齐物论》的一段很有意思的寓言故事。主角的名字,一个叫"罔两",一个叫"景",是"影子的影子"跟"影子"的对话。你看,很卡通了吧,展现了庄子文学性的想象力。"罔两问景","景"就是影子,"罔"是迷惘,影子不是模糊不清吗?"两"是二次方,"罔两"就是影子拖带出来的影子,影子的影子那就更模糊更不清了。影子的影

子问影子，我们写不出来吧？你会想到两个对话的人物，一个是影子，一个是影子的影子吗？不只是想象力的展现，而且还藏有深意。影之影问影说，你刚刚坐得好好的，忽然间却站了起来，你刚刚正在行进间，却突然停了下来；老兄，你这个人怎么起坐不定，行止无常？不是在走动吗？却突然间紧急刹车；而本来稳稳坐在那里，却突然间站起身来。

　　这不是很多父母跟老师骂儿女或学生的话吗？上课了，还在课堂上跑来跑去，像有多动症一样，教室秩序很难维持，很多老师声带都喊出了问题。不是要有交通秩序吗？交通警察还好，吹哨子或开单子就可以了，当老师却不可以如此这般。影之影对影提出严重抗议，因为影子行止无常，而起坐不定，受害者是谁？当然是影之影。影之影老是被牵动，影要停下来，或站起来，都没有预先发出紧急通告，本来还在行进中，突然间被迫停下来；本来还坐在椅子上，突然间被硬拉起来。这个拉，可不是拉拔，拉拔还有栽培的苦心。就算父母拉拔儿女长大，也要跟儿女展开心灵对话，不要让自己成了社会价值观所投射的"影"，再迫使儿女变成"影之影"。你想拉拔他，却不是他想要的，完全是父母以爱心之名套上来的枷锁，是老师以师严之尊套上来的桎梏。

　　依儒家的省思，孟子说："非由外铄我也，我固有之也。"做一个好人，仁心会在不安中呈现，仁心呈现的生命状态，是

"觉"醒，而仁心的自我呼唤，是"自觉"，不是外来的制约，而是仁心的自我觉醒。所以，道德一定是出于心志的自由，天下没有强迫的道德；强迫的道德，等于不道德。这一方面，可以通过孟、庄这两大家来印证。

"影子"不由自主

在影之影的责问抗议下，我们来看影子会怎么回答。现在市区公交车改善太多了，时速限制在三十到四十千米之间；以前公交车是横冲直撞的，你会看到司机先生紧急刹车的时候，所有站在中间走道的人，像挤沙丁鱼一般，往前冲过去的场景。我们搭公交车，像是练单杠一般，每天都在上体育课，男生还好，穿的多是平底鞋；女生们若是穿高跟鞋的话，像是在跳踢踏舞，一路踢踏过去，比现在嘻哈音乐还热门。紧急刹车，全车的人被牵动，因为他们没有被告知，所有的乘客都成了"影之影"，彼此挤压，当然要提出严重的抗议。

影怎么回答？它说：你不要怪我，我是有所"待"才如此的，你以为我可以当家做主吗？现在台湾最流行的话叫"当家做主"，这四个字是诠释主体性最恰当的话。当家做主，意谓每一个人的道德良心都可以为自己的一生做主，这是"非由外铄我也，我固有之也"。道德的事业，是我自己当家，我自己做主,这样才显发人性的庄严。所以,每一个人都要当家做主,这才是真正的人权。人权的背后,应该讲人文理想,你要有人文的思考,有人文的理念,民主人权到最后才不会只剩下投票权。人文教化是在修养中养成的,养成生命的智慧,人文理念可不是每一个人在街头呐喊就会有,不是每一个人投一票就能朗现的。

影子的主人"形体"也不能做主

当然,民主法治应该让每一个人有发言的空间,问题在你的发言要从你的"心"发出来,是天地良心在发声,背后的精神就是人文理念。影子回答说:你不要责怪我,我是有所待才起坐不定、行止无常,我不由自主。你所待的是我,而我又另有所待,你以为我可以自己做主吗?这真像二房东指责大房东,大房东很无奈,他也是租别人的房子,再分租出去而已。你怪我,那我怪谁?"吾有所待而然",你以为起坐不定与行止无常是我愿意的吗?我也是被人家牵动的,同是天涯沦落人,相逢何必曾相识,你我都一样处境堪怜。

影子再进一步为它的主人辩护,请你不要怪我的主人,我所待的那个人,它本身也有所待。那影子的主人会是谁?当然是形体,原来形体也不是主人。形体就是我们所讲的形气、物欲。人的形躯生命，就叫形体，有形体，才会引出影子。现在是影子的影子对影子抗议说，你怎么可以行止无常、起坐不定？因为老是牵动我，而且我又不被告知。影子回应影之影说，请你不要怪我，我是有所待才这样子的，我是人家的影子当然是不由自主；但是，我告诉你，我所待的那个"形"，也不能做主，它也是有所待的。

逃避不了就去面对

　　人生好可怜，儿女靠父母，父母也不大可靠，假如父母没有"乘道德而浮游"的话。人生谁没有哀愁？谁没有困苦？谁没有悲伤？所以，父母靠不住，老师也靠不住。

　　现在的学生靠不住，是因为老师靠不住，老师也在他自己的艰苦中，他也不知道要靠谁。所以，老师要去问老师的老师，老师的老师责任就很重大。我的学生在学校当老师，有一次跑来问我，学生作文写"人生海海"，请问那是什么意思？人生海海，他不会，那我也不会，查字典也没有"人生海海"这个词语。所以，你仅能用常识来理解。我小时候听到妈妈说人生是苦海，人世无常，人生无所不苦，人生海海，他海，你也海，你就认了吧！谁怕谁！大家一起海海，那个"海"，有一点开阔，有一点包容的味道。你就跟他在一起，不要逃避,不要厌弃,不要恐惧,逃避不了就面对,他海,你也海,以海的容量包容海。不过老师最好劝学生不要这样写,有一点江湖的意味,有欠典雅。

生命的"然"与"不然","心"来做主

再说,形体也是靠不住的。所以,庄子加了一句:"恶识所以然,恶识所以不然。"通过人的形体,你怎么知道他何以如此、何以不如此的理由所在呢?"然"跟"不然"是人生的走向,就是每一当下存在的抉择。你是"然",还是"不然",形体果真不能做决定,这个寓言故事就此结束。庄子把问题抛给我们,你要理解这一段寓言,要有相当的人生体验,不是光靠学理。"恶识所以然,恶识所以不然",当该有一个解说!还好,他有一个比喻,这个形体就像蛇蜕的皮、蝉脱的壳一般,蛇蜕的皮、蝉脱的壳,不是蛇本身,不是蝉本身,只是躯壳,不能做出存在的抉择。

请问能做主的究竟是谁?答案呼之欲出,但庄子不说,逼你问自己,最后把你的"心"给逼出来。原来,"心"要负完全责任,人生"心"一定要出得来,道家的心,是无心自然,是无执着、无分别的道心,虚静观照的心。这个"观",跟佛门很贴近。依民族感情,当该说佛门跟道家很贴近,真正的民族大

义在此。因为，道家是我们本土的传统，佛门是外来的，这一点微言，藏有大义；两大家在"观"的洞见等同。

总之说来就是一句话：在人生的路上，不要让自己成为影子，更不要成为影子的影子。要识得人的本来面目，道家说是"真人"，不能停留在形体的层次，因为它仍是有待，而不能当家做主。

现代人何止"罔两"，根本已是"罔万"

最后，逼出能当家做主的"心"来，要回到自己的本德天真，天真本德由我们的"心"来照现。所以，我们要避开人间的牵引流落，不然的话，会成为人家影子的影子，何止"罔两"，根本就是"罔万"，是人家影子的万次方，随波逐流，一路滚下去，通通都是影子，而失落自我的真实。庄子逼我们回归真实的自我，今天我们不是讲自我的追寻、自我的成长、自我的实现、自我的超越吗？正是这一段寓言所蕴含的义理。不要落在如影之影那样的生涯里面，人家影之影还会痛切反省，会逼问影，影还会回答说，它不由自主，所待的那个形体也不能做主，那谁能当家做主？当下逼出生命主体的"心"来。"然"跟"不然"的抉择，就在"心"。

所以，谁可以超越在人间两难之上？是我们自己的"心"。

你的"心"带着自己超越在人间的两难之上、材与不材之上，我们才不会变成社会流行的影之影，时代潮流的影之影，那可是流落天涯、知也无涯的"罔两"。在今天这么复杂的人间，"知也无涯"，是心知执着名利权势，街头什么都有，而我们什么都想要，且我们想要的，天下人也都想要，就此为人间带来无边的困扰忙乱，存在迷失，而价值失落。庄子的寓言故事，要我们每一个人从影之影那样的流落中超拔出来，走出自己的人生道路，活出自己的生命内涵。

人我的相知契合——濠梁之辩

你的心放下一切，你才会看到一切；不然，你什么也看不到。
心无何有，人世间就会天地无限宽广！
到哪里都感觉真好，不光当下即是，而且所在皆是。

庄子看水中游鱼说"鱼乐也"

人生总在相互牵引中同归沉落，人跟人之间的友谊与交情，多半都逃离不了同归沉落的命运。一起去逛街，一起上夜店，没有人以文会友、以友辅仁。我们要问，在相互牵引中，可不可能走出人我的相知契合呢？假定我们的"心"出来做主的话，你的心就可以跟朋友的心相知契合，我们摆脱了"形体""影子"跟"影之影"的牵连纠缠，朗现真心，体现真人，这个时候，我的心就可以跟亲人朋友的心直接照面。

　　人我相知契合的故事，出自《庄子·秋水》篇，高中语文课本就有这一则"濠梁之辩"的寓言。庄子跟他的好朋友惠施，来到濠水之上的桥梁，"梁"是桥梁——你可以想象梁山伯与祝英台会面共游的场景。惠施是名家的代表性人物，庄子则是道家的大思想家，庄子看到鱼"出游从容"，在水中游来游去，从容是自在自得的存在样态，庄子加了一句"是鱼乐也"。

　　鱼这么快乐，当他讲出"鱼乐也"，是在回应人生。在这样一个小天地里，优游自得，那么从容，那么自在，鱼好快乐，这是发自生命由衷的赞叹！他说鱼，同时也说自己，这是一个生命的证言，你一定是当下满是"乐"的感受，才会说得出鱼乐也。假定你的生命中只有悲苦，你就看不到鱼的乐，而"乐"的存在感也上不来，人生观可真主导了人生的行程。

惠施问"你不是鱼，怎能知鱼之乐"

　　你的心放下一切，你才会看到一切；不然，你什么也看不到。庄子的好朋友惠施，是名家的泰斗；名家名理，讲名实问题，认为物性同异，皆属相对性质，虽可以合同异以为一，然言说概念要有清楚的界定。尽管庄子的存在感这么强，而这是一个感人的画面，天地悠悠，就是两人间的唯一场景，似乎天地间只剩下这个场景，这是刹那间的永恒，在那个当下，人间的美好，完全朗现。但是，惠施偏偏大煞风景，好朋友相知，喜欢辩论，一个名家，一个道家，他立即以名家的立场做出反应："子非鱼，安知鱼之乐？"你又不是鱼，怎么会知道鱼是快乐的？快乐是心里面的感觉，是主观的感受，所以鱼乐只有鱼知道。你又不是鱼，你怎么可能知道鱼是快乐的？

　　一对好朋友，美景当前，却因立场观点的不同，说出破坏情境的话语。这个时候，庄子被他挑衅的语气所牵动，这就是人我之间的牵引流落。像庄子这样的哲人，也会被友朋牵动，你会这样说，你以为我就不会吗？"子非我，安知我不知鱼之乐？"你也不是我，你怎么知道我不知道鱼是快乐的？你凭什么下这个论定？这是两大家派、两大哲人之间牵引流落的话题析辨。一场意气风发、互不相让的尖锐对话，就此展开。惠施不失名家的本色说，你不是鱼，你怎么可能知道鱼是快乐的？你是凭空想象，再把你的感觉加在别人的身上，这是游戏性质大于学术的质疑。

庄子回应你也不是我，怎能知我不知鱼之乐

　　庄子被牵动了，也就以子之矛攻子之盾地说："子非我，安知我不知鱼之乐？"看起来，两个人拉平了，你会这样说，我也会啊！问题出在惠施就等着庄子讲出一句自失家派立场的话，立即抓住机会说道：对啊，我不是你，我固然不知道你是否知道鱼是快乐的；但你终究不是鱼，所以刚刚你所说鱼是快乐的那一句话，根本是不能成立的废话。一场论辩若到此结束，立刻举行颁奖典礼，那第一名一定是惠施，庄子仅名列第二。为什么？

最重大的理由就在，庄子无意间竟成了另一个惠施，整个会场转成两个惠施在对话。庄子走离了他自己，用惠施的思路来回应惠施，他没有用自家的观点去进行对话，反而掉落在惠施预设的陷阱中。所以，朋友间的争论，有时像邻居间的争吵，千万不要用对方的话骂回去，因为这样的话，你就失去自我，你还是要讲理，要冷静以对，不要说吵就吵，你以为我不会吵吗？要打架，你以为我不会打架吗？他卷起袖子，你也卷起袖子，这就掉落在对方的陷阱中。所以，君子跟小人争吵，好像都是君子吃亏。因为你要维护你原本的立场，保有一生的德行与教养，一生的风格跟品味，千万不要被人家牵动，而失落自己的风骨格调。

回归存在现场，我就在这里体现了鱼之乐

还好庄子立即回过头来说："请循其本。"他知道不能再随惠施起舞，要回到"鱼乐也"的存在现场。"本"就是原初存在的处境，请回归存在的现场，我庄周这个人站在这里，整个天地浓缩在这一个角落，时间定格，我就站在这里看到鱼"出游从容"，"鱼是快乐的"是我真实的存在感受，没有人可以质疑，我也不用跟天下人证明。我快乐，鱼快乐，这不是理论的解析，而是存在的感受。

一个诗人，一个画家，还要跟天下人证明吗？他只要把诗写出来，把画画出来就是了；他写出他的诗情，绘出他的画意，创意、灵感出自自己的美感、心灵。庄子说，当你问我，你怎么知道鱼是快乐的时候，你已经知道我会知道，你才会这样问我。你一定预知我可以听得懂你的话，你才会发问，不然，你的问话通通都是废话！好，既然人我可以相知，物我为什么就不能相知呢？你已经认同了人我可以相知，那就等同承认物我也可以相知，此所以我可以知鱼，鱼也可以知我。

一切已在这里，一切可以放下

"我知之濠上也"，很简单，我就站在这里知道的，这就是存在的实感。你要融入现场，要跟天地同在，跟万物同行，既达人心，又达人气，跟着他们的心和感觉走，融入整个生命的情境，融入存在的现场，融入我们的亲人朋友，那点滴都在你的心头，你怎么会不知道呢？你看到婴儿脸上绽放的笑容，你会怀疑他是不快乐的吗？那是生命的喜悦，而不是情绪的波动,那是人生美好的自在展现。

"鱼乐"是对鱼的存在如此美好的直接感应,它活出它自己,这叫鱼乐也!不是说,他去参加晚宴,或是参加什么余兴节目,结果中了大奖,说他乐也。孔子讲的"乐",也不是那个意思。"有朋自远方来,不亦乐乎!"朋友之间的心灵激荡,与生命的交会成长,就是生命本身的美好。"我知之濠上也",我就在濠水之上的存在现场,直接朗现了生命本身的自在美好,不是理论的建构。我不用跟天下人证明,我就是知道,美好就在这里,一切已在当下。所以,那是刹那的永恒,天地悠悠的浓缩版就在那里。

人生路上,我们也可以达到庄子那样的意境,不管你行旅到哪里,你都可以说"乐也"。通过庄子寓言的智慧引领,我们走出去就大大不同了,你可以说,关心本土文化的人乐也,因为人我可以相知,物我也可以相知。儒家的世界,是人跟人之间,道家把它推广到物我之间。我们现在讲环保、讲生态,道家思想给出最好的理论根基。人我可以相知,物我也可以相知,隔阂就在形体。

道贯千古,端在以心传心

庄子的修养功夫,主体心灵要超越形体的局限。"你不是鱼"跟"你也不是我"之间的断隔,是通过形体来说的。人的内心只要虚静，就显灵动。千古以来，此心同，此理同。我们凭什么能读懂老子、读懂庄子，我们用我们的心去读他们的心，道贯千古，端在以心传心。形气有隔，所以修养功夫要解消形体的束缚。

《齐物论》讲"今者，吾丧我"，师父正在打坐，徒弟在旁边当护法，看到师父解消了形体的拘束之后，所显发出来的生命气象是"形如槁木"，再由"形如槁木"去推断，一定"心如死灰"。徒弟想，假定修养功夫最后的结果是槁木死灰，那我要重新思考要不要跟师父学功夫了。形如槁木，而心如死灰，形体看起来像干枯木头一般地生机全无，而心就像死灰不能复燃一般地归于死寂。死灰就是火已经熄灭了，没有火苗、火星，那就等同绝灭。难道功夫修到最后竟是这样！

师父赶快回答，以解开弟子的疑惑："今者，吾丧我，女知之乎？""吾"是心灵的我，"丧"是功夫的字眼，当"解消"讲，"我"是形体的我；意谓心灵的我，摆脱了形体的我，所以形体的我看起来像干枯的木头。人物有生气，人生发出光彩，是因为你心在物中，才有润泽光彩。心不在，生命的光彩亮丽就会消散。形如槁木，仅是修养功夫所呈现的样貌，心摆脱了形体的羁绊，形体少了心启动的生机活力，看起来有如槁木。且形如槁木，不必然会心如死灰。心灵虚静，反而是全然的自由，使灵感创意的生机无限，那是道家跟佛家讲的虚静心，或般若智的观照,看起来是"无"、是"虚";实则,无限的可能藏在里面,因为虚静心可以照现一切的美好。

解消自我,融入对方

"今者,吾丧我,女知之乎?"原来主体的心灵,摆脱了形体的羁绊与局限,一者可以无限地包容万物,二者又可以完整地照现万物。否则,每一个人的形体,自成一座城堡,生命就此成为一座孤城,别人进不去,自己也出不来。

人生首要在"心"要出得来!不是影之影,不是影,也不是形,而是心。你凭什么可以超越在"有用"与"无用"之上?凭什么可以做一个"然"跟"不然"的存在抉择?因为我们有"心"。通过这颗心,庄子站在石梁之上,可以说,我知道鱼是快乐的。你说"子非鱼",我说"子非我",说那些话都是受制于形体的障隔。人我跟物我之间,通过我们的心,那些界限,那些围墙,那些城堡,通通可以拆除。《逍遥游》说"无何有之乡,广漠之野","无何有",说的是心不执着,也无分别。心无何有,人世间就会天地无限宽广!不管去到哪里,都感觉真好,不光当下即是,而且所在皆是。何止鱼乐也,天下每一个人皆乐也。

解开人世的困结——庖丁解牛

人间就像结构复杂的牛体,你要把这个复杂的牛体解开,
就像我们穿越人际关系的误解与纠结,
没有挫折也没有伤痛,那是"道"给出的处世智慧。

是解开而不是宰制

这个寓言是来自《庄子·养生主》的一段故事,庖丁在君王面前解牛。"庖丁"是管理厨房的一位先生,"庖"是厨房,"丁"是男士,既管理厨房,就要端出牛肉,在端出牛肉之前,就得先解牛了。这个"解",是解开的意思,民间世俗就直接讲杀牛、屠牛、宰牛。你看庄子,他不只是一个哲学家,也是一个文学家,他讲"解牛"。庖丁把一头牛解开了,问题是,解开

牛是一个重大的挑战，有待于人生的修养功夫。庖丁可以在文惠君的面前，展示他解牛的过程，显然这位庖丁是自我隐藏的高人，说是展示解牛的过程，实则在教导君王要怎么治理天下国家。

《论语》中有隐者的记载，藏身在人间的某一个角落，"隐"是内敛含藏，不显光彩。庖丁用音乐的节奏，舞蹈的动作，把牛体解开，没有流血，没有哀号，没有痛苦。君王发出赞叹说：我今天真的是大开眼界，一个人的技艺，竟然可以到达如此高超的境地！没想到庖丁不领情，他抗议说道："臣之所好者，道也，进乎技矣！"我一生所追寻的是"道"的体现，而不是技艺的演出，你以为我在作秀吗？你以为刚刚是秀场吗？你以为我是天王、天后级的人物吗？

当然是啊！假定这个"天"是"道法自然"的天道，既体现天道，不就是天王、天后吗？真正的天王、天后只有一个人，那就是在解牛过程中朗现生命理境的庖丁，他唱出来的是无声之声的天籁。

解牛是道的体现而不是技艺的演出

"臣之所好者，道也，进乎技矣！""进"当"越过"解，我追寻的是道的理境，老早越过技艺的层次了——能用这样的语气说话，可见君臣相知。

庖丁跟君王讲"道"，讲无为的治道，不要把政治舞台变成秀场，治国平天下不是个人才艺秀，而是道的充分体现。今天讲治国之道，不是讲竞选的技艺，看谁抢票的本事比较高超，甚至看谁获得压倒性的胜利！得意狂欢会引起反感与对抗，所以人生在我们有一点得意的时候，请不要忘掉别人的感受。可不可以少说一句话，少炫耀，少卖弄，因为它会激起抗争跟决裂。

牛体要解，牛体是国事、天下事，大和解要通过什么来"解"？通过"道"来解！不是无情的批判，一边喊和解，一边执政、在野各有立场，互不相让，而欠缺共识，那就永远无解，庖丁解牛就是诠释如何解消对抗的生命进程。

刀刃是自我，牛体是人间

"始臣之解牛之时"，说的是刚开始解牛的时候，"所见无非牛者"，一眼看去没有不是牛的，也就是整头牛都在那里，一个庞大的牛体，伫立在庖丁面前，形成人生路上的障隔。这个牛体就是人间世界的象征，吾人立身处世，待人接物，人际关系很复杂，也很微妙，就是"知也无涯"。人间就像结构复杂的牛体，你要把这个复杂的牛体解开，就像我们穿越人际关系的误解与纠结，而活出一生的美好，穿越多重难关而没有挫折，也没有伤痛，就像庖丁所解的牛一样，那是"道"给出的处世智慧。

"三年之后，未尝见全牛也"，经过三年的磨炼，我看到的不再是整头牛，那会是什么牛？部分的牛吗？不可能啊！三年之后，不再看到整头牛在那里，那么牛会以怎样的姿态现身？通过今天比较容易理解，大概就是X光透视的牛、超声波扫描的牛、解剖学剖析的牛，犹如各大医院每天都在进行的检验观测。他一眼看去，不再看到整头牛的血肉堆在那里，只看到骨架结构，架构就比较简单，简单就比较容易解开。所以，"未尝见全牛"，可以找到解牛的切入点与空隙。

目视心知止息，心神主导前行

"方今之时，臣以神遇，而不以目视，官知止而神欲行"，他说自身解牛十九年，从三年之后，到了方今之时，等于历经十六年的成长。"臣以神遇"，是用我的心神来解牛，用我的精神跟它遇合。"不以目视"，人跟牛的接触，不再用眼睛看，用"肉眼"看到的是整头牛的血肉，而用"心眼"看到的是牛的骨架结构，犹如今天所说的抽象思考。"官知止"，"官"是感官，也就是目视，只看到表象；"知"是心的认知，在主客相对中，融不入牛体;"止"是我的感官跟心知的功能作用都停止。此所以第二阶段的"三年之后，未尝见全牛"，是以"心知"去看的，因为技术熟练了，且逐步了解它的结构，不再一眼看到血肉牛体，而只看到牛体架构，你就知道刀要往哪边走，解牛就简易许多。心知就像知识的态度，累积经验而技艺熟练。第一个阶段的"官觉"，跟第二阶段的"心知"，都停止作用了，叫"官知止而神欲行"，我的心神随顺牛体的架构肌理，而直觉感应前行。

庖丁解牛的最高境界，如同孔子所说的"七十而从心所欲，不逾矩"。当生命走向完全由心灵主导带动，尽管随心所欲，也不会逾越规矩，因为人心就是天理，朗现了"天人合一"的境界。由此可以理解，庄周为什么可以说"鱼乐也"，他是用心神跟鱼遇合相知的。解牛到最后，是用我的心神在主导刀的动向，不是靠目视，也不是靠心知，完全由我的心主导。我的手没有动，意念没有动，而是心神在引导刀的运行，似有还无、似动非动的自在运行。此解牛功夫已入化境，整个行迹都被化掉了。

"神遇"所解的牛，是神体的牛，就像山水画家画的山水，与田园诗人写的田园一般，山水田园已入空灵，展现的是诗心画意。神遇解牛，可以说是艺术美感的境界朗现。"以神遇牛"，所朗现的是牛的境界，不是目视所看见的牛，也不是心知去剖析的牛,而是用心神来释放的牛。徐复观先生写《中国艺术精神》,主要的论据就在"庖丁解牛"的寓言解析。解牛不是技艺的演出,而是道的体现。

解牛之道在刀刃无厚

台湾名作家,李昂小姐,有一本名著《杀夫》,她出身哲学系,依庄子,她或许可以更改书名为《解夫》。杀夫带来痛苦跟流血,还有罪刑加身的严重后果。假定是"解夫"的"解",解开心结情累,那两个人之间,也不会有生死决裂的问题,都解开了,相互松绑解套,那不就是人我两忘自在自得了吗?"解"的功夫,就是道家的生命大智慧。解消心知的执着,存在的时空就是无何有之乡的广漠之野。

"彼节者有间,而刀刃者无厚",是说这把刀是没有厚度的,而骨节是有空隙的。牛体再复杂,总是一个结构体,结构体就有骨架血脉之间的空隙,而我这把刀没有厚度,再窄小的空间都可以通过,那不就可以把它解开了吗?不会有切割的伤痛,不会有砍斫的流血,就像针灸一般,寻虚而入。我第一次接受针灸,是从额头插进去的,学生吓坏了!你不要看大学生很勇猛,一看针要插入哪怕脚的穴道中,都赶快爬起身来跑掉!医生下针插进我的三叉神经,学生过来问我,老师你怎么敢让他下针？我说，我对几千年的传统有信心，中国医学着重生命之气的调和调理，"气"是流动的，而经脉气穴是虚的，却有它的功能作用。刀刃是生命的自我，自我没有厚度，天下再复杂，我这把刀都可以解开它，迎刃而解且"游刃有余"。

解消自我，给出空间

"恢恢乎，其于游刃也，必有余地矣"，你会觉得空间很大，看起来，骨节之间，筋肉之间，好像没有空隙，只要刀刃无厚，就可以通过。而且，还觉得空间无限地宽广，不仅可以游刃舞蹈，而且还留有余地。人生在世，可以解开人间世的困结，让人我的空间，变得很大，不要去挑战，不必去对抗，更不用去决斗。每一个人都可以跟自己和解，也可以跟天下人和解，相互给空间。双方都要"解"，解开彼此间的意识形态，解消自己的执着与造作。

本来是要解"牛体"，庄子的洞见就在要先解自家生命主体的"心"，因为"心"有"知"的作用，而"知"的本质是执着，要解心知对"自我"的执着。当心中执着的自我解掉了，牛体的复杂结构，也同时被解消了。当自我归零，牛体骨节筋肉之间再窄小，也会显得无限宽广。原来问题出在我们自己，不是天下人的错，是我们自己的痴迷狂热。我们把心结情累解开消除,不要那么多的执着,那么多的分别,那么多的比较跟得失,那么多的患得患失,笼罩在生命上空的满天阴霾,就立即消散。你身处无何有之乡,就是"广漠之野",天地无限宽广,这个时候给出了庄周可以做蝴蝶梦与庖丁可以解牛的自在空间。

生命的交会成长——庄周梦蝶

人生不要老在心知执着与人为造作中原地打转，
而走不出自己的路来，要回归生命自身，做修养功夫，
活出何等样的人生，完全由自己决定。

周不是周、蝶不是蝶的"梦"

这一则做蝴蝶梦的寓言，就出现在《庄子·齐物论》的最后一段。说某一个夜晚，庄子在睡梦中，发现自己"栩栩然胡蝶也"，竟化身为一只正款款飞舞而欢畅自得的蝴蝶。"自喻适志与，不知周也"，他正得意于自己可以随心所欲地在花园中闪闪舞动，就在那个当下，已忘掉了本来名叫庄周的那个人。

没过多久，从睡梦中醒来，"蘧蘧然周也"，赫然发现自

己还是原本名为庄周的那个人。这时候,心中闪现一个天大的问号,问自己是刚刚庄周梦为蝴蝶,还是现在蝴蝶正梦为庄周呢?人生路上哪一段是梦,哪一段才是觉?这涉及生命主体自我认同的定位问题。

处在觉醒的状态,心神落在形体的限定中,进入睡梦的时刻,心神已摆脱了形体的局限,此身可以是蝴蝶,也可以是庄周,甚至在"栩栩然胡蝶也"与"蘧蘧然周也"之间来去自如,形体在睡梦中可以随意转换。庄周可以不是庄周,所以庄周可以是蝴蝶;蝴蝶可以不是蝴蝶,所以蝴蝶可以是庄周。

人在睡梦中打破形体的局限,物我可以两忘,情景也可交融,在千年的文化传统中,"庄周梦蝶"的这则寓言,完全以艺术美感的姿态出现,可不像孔子梦见周公那般,要背负人文传统的沉重,这是庄周身为大文豪所开显的文学理境。

周还是周、蝶还是蝶的"分"

问题在,身份互易,而处境也随之而转,摆脱形体,而心神自在,"梦为蝴蝶",真的要在"自喻适志与"的存在感中过此生吗?实则,化身蝴蝶也有形躯脆弱与生命短暂的限制,只显现刹那间的美感,而给不出人物活在人间的意气风发与智慧灵动。孔子说:"鸟兽不可与同群,吾非斯人之徒与而谁与！"这虽是儒家的义理，却也是人性的展现。人生而为人，当然要"与斯人之徒"同群，守住人文的价值美好，难不成要"与鸟兽"同群，栖身山林共此生吗？故"庄周梦蝶"，意境虽美，也只是"偷得浮生半日闲"，在道德、知识与实用之外，所展现出来属于人间多余的光彩而已！那可不是情意理想的终极归乡。

所以，大哲人的庄周，不能停留在闲情自得的美感理趣中，总要回到人物活在人间的存在真实，而为人活一生找到生命价值的根源之地。他说："周与胡蝶，则必有分矣！"形体可以解消，也可以转换，但周所以是周，蝶所以是蝶的本德天真，总是各有本分的。如同孟子所说人皆有仁义礼智的德性心，是"命也，有性焉"，"命也"意谓庄周还是要回头做庄周的自己，蝴蝶还是要回头做蝴蝶的自己；"有性焉"意谓庄周要活出庄周一生的美好，蝴蝶也要活出蝴蝶一生的美好，一生的美好就在本德天真的"分"。所以，周与蝶，要各尽其分，各安其命。

最后，庄子以"此之谓物化"作结。"物化"与首段"今者，吾丧我"的"丧我"前后呼应。"丧我"等同"物化"，"丧"与"化"当动词用，是功夫的字眼，"丧我"重在解消形体，"物化"重在相互融入。形体解消，人我、物我之间，即无障隔，庄周固可以融入蝴蝶，蝴蝶也可以融入庄周了。不过，终究要回归庄周还是庄周、蝴蝶还是蝴蝶的"分"。

"见山只是山，见水只是水"的大觉

这一段寓言故事，似乎重现在青原惟信禅师的禅门修行的三关进程中。

一是"老僧三十年前，未参禅时，见山是山，见水是水"。

二是"及至后来亲见知识，有个入处，见山不是山，见水不是水"。

三是"而今得个休歇处，依前，见山只是山，见水只是水"。

庄周梦蝶与老僧参禅，两相对看，未参禅时的"见山是山，见水是水"，正如未入梦时的"周是周，蝶是蝶"。此山水、周蝶皆属受限于形躯的现象存在。

亲见知识有个入处的"见山不是山，见水不是水"，一如周之梦为蝴蝶的周不是周、蝶之梦为周的蝶不是蝶。入道一如入梦，亲见知识是修行体悟，梦为蝴蝶是物化融入。此山水周蝶已摆脱形体的局限与负累，不是山不是水，不是周不是蝶，心神已获致自在的余地空间。

得个休歇处的"见山只是山，见水只是水"，一如周与蝶的"必有分"。这里说"依前"，神似孟子说"分定"，"必有分"是不管是周还是蝶,都得回头朗现自己的分,禅门说"只是",是山与水找回自己的本来面目。不论是第三关的山水"依前""只是",还是周蝶的终必有分的理境开显,都是由第二关的修养功夫所体现证成的生命境界。

庄子由觉而入梦,再由梦醒而大觉,尽管周还是周,蝶还是蝶,不过,其间经由周梦蝶、蝶梦周的转折,在自我解消中相互融入,周与蝶不止是"只是",还是更上一层楼的"大是","大"就在于道已朗现在我身,所以不止于与"梦"相对的"觉",而是悟道体道的"大觉"。

生命主体的"心",做出存在抉择

不论是庄周梦蝶,还是老僧证道,通过"庖丁解牛"来看,生命主体的"心",落在形中,面对天地万物,可以有目视、心知与神遇的不同层次,而一气之化的万象流转,也会以不同层次的姿态映现在我们的面前。目视看到的仅是具体的形象,心知执取的则是抽象的概念,或实用的价值,神遇体现的已是生命的理境。

人生不要老在心知执着与人为造作中原地打转,而走不出自己的路来,要回归生命自身,做修养功夫,到底要活出何等样的人生,完全由自己决定。老子说"道法自然",道永远不离它自己恒常如此的生成原理,"自然"是"然"从自己而来,也就是它是它自己存在的理由,才能保证它自己的存在,也保证万物的存在。我们立身人间,是要活出目视、心知或神遇的那一层次、那一高度,完全是由自己的"心"所做出的存在抉择。

我总觉得这个社会太复杂,人间太艰苦,大家坎坎坷坷过一生,实则转念间也可以潇潇洒洒走一回。问题在主体的心一定要释放自己,才能释放天下。

人生的当机示相——神巫季咸

人生总落在某一时空交会的机遇中，
要从如渊深的生命本身走出来，
在每一当下那一机所显示之相的限定中，
活出生命本身无限可能的价值美好！

预知死生祸福的神巫季咸

出自《庄子·应帝王》篇的这则寓言，在人物对话与情节转折所透显的生命洞见，堪称古今论命最深入也最精彩的一段故事。

说郑国有一位号称神巫，名叫季咸的算命仙，作为人与神之间的媒介，可以预知人的"死生存亡，祸福寿夭"，且"期以岁月旬日，若神"，可以确定是何年何月，哪一旬哪一天，就如同神明般灵验。

他就以身通神明的姿态行走人间，郑国人看到他，街头立即净空，谁也不想面对他的死亡宣判。其中有一个人不用逃开，那就是道家人物列子。道家视死亡如同回自然老家，反而"见之而心醉"，有幸看到这么神的传奇人物，还真醉心不已。列子回到师父壶子的修道之所，直接对师父说自己的感受，说我本来以为师父是普天之下道行最高的人物，没想到今天在人间街头碰上了一位似乎比师父还高明的有道之士。

壶子听了这一段不知轻重的话语，可能觉得枉教了他多年，没好气地质问他：我看你跟我学道，只听闻理论，根本没去实践，有学道之名，而没有行道之实，你真的以为已学得我的道吗？就好像只看到一群母鸡下蛋，而没有公鸡配种，有卵却未成形，怎能孵出小鸡来呢？我看你这个人，老是标举"道"跟世人对抗，什么都写在脸上，什么也藏不住，"故使人得而相汝"，所以人家就轻易地依你显露的"相"而断定你当下的"命"，不是他神准，而是你肤浅。你那么崇拜他，就找他来看我的相、算我的命吧！

壶子当机示相，现身说法

为了救回痴迷狂热的徒弟，壶子把自身推上第一线，当实验品来检验季咸"若神"的本事到底有多高。隔天，列子果真引来季咸，入门看了壶子的相，季咸一出来就对列子说："你的师父死定了，活不了十天了，准备办后事吧！因为他的脸相像湿灰般地了无生气！"这哪里是神算子的语气，根本就是乌鸦嘴的口吻。

列子可以不在乎自己的生死，但一听说师父死定了，就边哭边向师父说出季咸的铁口直断。壶子淡定地做出解释，"乡吾示之以地文"，我刚才给他看的是像"地文"般的寂静之相，如同用水浇透的湿灰，未表露出任何生机，"是殆见吾杜德机也"，他会断定我活不了，可能是看到我在当下那一机关闭了我的生机元气之故。好，明天再找他来。

隔天，季咸又随同列子过来，进门看了壶子的相，出门再算壶子的命，说，算你师父幸运，碰上我，"有瘳矣"，他有救了，在湿灰里头透露一点可能复燃的生机，"吾见其杜权"，我在他关闭生机中看到了权变。

列子一听，立即转身入内，向师父报告这一转机。壶子又平静地做出解释，"乡吾示之以天壤"，我刚才给他看的是天地一气之象，人间依名求实的执着造作，不能干扰我内心的平静，而生机却从脚底涌泉上来，所以他才会做出"有救"的论定。"是殆见吾善者（德）机也"，道家说生命源头，从超越说是天道，从内在说是人德，杜德是关闭本德天真，所以看起来生机全无；善德是显露天真本德，权变在重新开启本德天真之门，当下涌现了源源不绝的生机，当然会说有救了。好，明天再找他来。

隔天，季咸又随列子到来，进门看了壶子的相，又出来论壶子的命，说："你的师父今天脸相不整齐，一边喜形于色，一边神情哀伤，两边不一致，我得不到足够的信息可以做出论断。请他重整一下自己的脸相，我再来依据他的相而论定他的命吧！"

列子入内，据实以告，壶子又解释说，"乡吾示之以太冲莫胜"，刚才我给他看的脸相，是两边对反，又相互平衡，悲喜之情没有哪一边可以压过另一边，两相抵消而归于虚，所以说无从论定。"是殆见吾衡气机也"，他大概看到了我的生命气象，是两边平衡，没有征兆可以做出判断的缘故吧！

道体的生成作用有无限可能

壶子又对连续三天的相命过程，做出综合的理论说解："鲵桓之审为渊，止水之审为渊，流水之审为渊。渊有九名，此处三焉。"《老子》第四章有云："道冲而用之或不盈，渊兮似万物之宗。"妙用无穷的道体，就以深不可测的"渊"，来做出象征性的解说，"渊有九名"，"九"是穷极之数，意谓道体的生成作用,有无限的可能,"審"是"潘",是水流之深处,"此处三焉",是水所显示出来的存在样态,一是静止的水,二是流动的水,三是既静止又流动且在原地打转的水,静止的水比喻的是杜德机,流动的水比喻的是善德机,回旋的水比喻的是衡气机。

体现道的修行人,可以显现道的不同面相,静止的水显现道体的"无"相,流动的水显现道体的"有"相,又静止又流动的水显现道体又有又无的平衡之相。故"此处三焉",已然穷尽。《列子》书中以为九减三还有六,又加进了彼此不相统属的其他六者,显然跟庄子这段寓言的说法,完全不相应。

概括说解之后,壶子又说,明日再找他来。隔天,列子陪季咸一样地到来,一脚跨入门槛,另一脚犹未站定,不晓得他看到了什么相,转身就逃,瞬间不见踪影。壶子立即下达"追之"的命令,未料可以御风而行的列子,竟"追之不及",回来跟师父报告,说"已灭矣,已失矣,吾弗及已"。说列子追之不及,等于宣告那个人已在人间消失,说他"自失而走",如同自我放逐,从此江湖除名,这时他的英雄气概、一世英名付之流水。看尽天下人的相,算尽天下人的命,最后竟然看不到对方的相,当然算不出对方的命。金字招牌已被自身砸掉了,正如铁口直断他人的命一般,不为自己留下余地，彻彻底底在人间消失了。

不示"相"，何从论"命"

问题在，季咸到底看到了什么"相"，竟让他"命"犹未算，即逃离现场。壶子给出的解释是，"乡吾示之以未始出吾宗"，说我刚刚给他看的是我从未走离我自己的生命本身。此生命本身如同"渊"般地深藏不露，生命本身是超越的道内在于人的"德"，这就是老子所说的"道生之，德畜之"，道是"窈兮冥兮"与"惚兮恍兮"之深远不可知与无形不可系的"无"，德是"其中有象"与"其中有精"之精象的"有"，总要落在"物形之，势成之"的物势形成，才能以"其中有物"与"其中有信"的形象出现在气化世界中。"未始出"就是我不走出来给你看，我不示"相"，你又何从论"命"？自己号称神算，最后竟连对方的相都看不到，人生路只剩下"自失而走"一途了。

"未始出"就道家义理来说，还有另一个可能，老庄的修养功夫，老子"致虚"，庄子说是"心斋"，老子"守静"，庄子说是"坐忘"，"无"掉心知的执着，心无何有而虚静如镜，庄子说"未始出"，如同"半亩方塘一鉴开"，像天地间一面大明镜，明镜本身是"无"，却可以照现天下万物的"有"，壶子"未始出"不给看，像一面明镜般，反照出季咸天涯沦落人的衰颓形象,他一生为人算命,却从未面对自己,也从来没有做涵养功夫来滋润自己。在这一时刻他受不了自己,他被自己的形象吓坏了,逃离现场成了人生困局的唯一出路。

虚静如镜,照现实相

"吾与之虚而委蛇,不知其谁何",壶子虚了自己,如影随形,附着在季咸的身边,季咸摆脱不了,又不知老缠绕在自己周遭的人是何方神圣。"因以为弟靡,因以为波随,故逃也",这样的化身为无,如同草的随风而靡,也如同水的随波而流,根本就无相可相,也无命可算,不逃开又能如何!

壶子现身说法,这一番自我说解,不是神通,而是道行,把道体现在自己的身上。每一个人的天真本德,就如同"道"的无声无形,也无所不在;又如同"渊"的深不可测,也深藏不露。所以可以"未始出"地不示相,也可以虚静如镜,照现对方看似神气、实则衰颓的落魄相,这不是卖弄炫耀,而是教导列子,也抢救季咸。

最后说列子自以为"未始学而归",愧对师门多年所传的道,回家修养实践,三年不出门,为妻子下厨房,饲养猪如同对待人,看淡天下事,从人为造作中回归自然素朴,让自身一无所有地立身在天地间,在世事纷扰中保有内心的平静,终其身以道作为价值的依归。这一段师父教导列子"为道日损"的修行历程,想必也是壶子逼季咸回头的一番心意,季咸可能正藏身在天地间的某一个角落,跟列子一般地放下一切,以涵养功夫找回生命本身的真实与美好!

应机示相只在当下

解读这一段寓言,要有一番体悟,人生总落在某一时空交会的机遇中,你要从如渊深的生命本身走出来,示一个相给亲人朋友看,让亲人朋友可以看到我,彼此间有情意的交流与理想的会通,这是做人的一分体贴心意。而所示的"相",等同我们在那一存在处境所扮演的角色,有如装扮演出、上台亮相一般,脸上画了某一戏剧脸谱,扮演的角色定了,所当发挥的功能也就定了,角色是"相",功能则是"命"。

就此看来,由"相"看"命"是有道理的。问题在,那只是应当下那一"机"所显示出来的"相",从"相"定"命",仅在那一时间与那一空间的交会点有效,一走离这一机的存在现场,又回归无限可能的生命本身。民间世俗所说的"人不可貌相",就与"真人不露相"的意思相近。

生命本身深不可测

人生的机遇,就在当下那一机,要示什么相,这是自身可以决定的。重点在"应机",用今天的话来说,就是融入现场。不管在哪一场合,都要把"心"带去,真人说真话,也流露真情,扮演好自己的角色,且发挥这一角色应尽的功能,人生就从"应机"来说命好。否则,老在情境状况之外,心不在现场,而欠缺存在感,反而让亲人朋友伤感,人生就从"不应机"说命不好。

我们在这一场人生大戏中,演出的角色功能,在应机中虽说是一个限定,但同时也是一个可能,人生就在每一当下那一机所显示之相的限定中,去活出生命本身无限可能的价值美好!就像每一场的演讲或授课,我所示的相,就在这一机缘的时间限定中,尽管庄子的智慧永远讲不尽,这一展开"示相"与"识相"的算命历程,也给出了我们回归生命本身之无限可能的价值空间。讲者与听者都在这一机中,这个时间内所显示的相,就是我们共同的命。每一个人的生命本身,都是无限的,但在时空的交会点所显示的相,却是有限的。我们都把心带来了,融入了现场,演出了一场好戏,而这是我们的共命,也是大家一起好命。

凿破浑沌的死亡与重生——浑沌之死

在凿破浑沌的同时,正开启了走离茫昧的重生之门。
从形气物欲的自然现象,通过修养功夫的自我转化与提升,
将朗现证成天道的生命理境。

最好的待是无待

这则寓言,出自《庄子·应帝王》的最后一段,是《庄子》内篇的终结篇。

故事情节简简单单,寥寥几笔而已。说南海之帝的存在性格是儵,北海之帝的存在性格是忽,依《楚辞·少司命》所说的"儵而来兮忽而逝"这一句话来看,人间帝王家的统治权力,一者是儵而来,二者是忽而逝,既飘忽难定,又短暂易逝,用孟

子的话来说是"求之有道,而得之有命",意思是说你可以合理地求,却不一定得。理由是所求在外,而不能自主,就算是尧舜事业,也如同浮云过太虚,倏忽之间而已!

南北二帝身负一国重任,日理万机,身心不免疲累,疲累会引来厌倦,甚至是弃绝,所以总得安排假期,前往中央之帝名曰浑沌那儿去度假。因为浑沌未分,说是"帝"实则等同大地的无不乘载,谁来我都接受,如同"至人之用心若镜,不将不迎",没有哪一个人是我要去抗拒,也没有哪一个人是我想去迎接的,因为镜照无心无知,没有执着也就没有分别,顺任物性自然,照现本来面目而已,让每一个人从失落自己中重新找回他自己,这是最贴心的待客之道。所以,南北二帝在中央浑沌之地,可以完全放下,远离俗事尘嚣的困扰,而回归本德天真的自己。

二帝在此休养生息,无意间相遇,"浑沌待之甚善"。"善"不是技艺性的善巧,而是无心自然的道行:浑沌不当主人,以不接待的方式来接待,等同无待,让远方来客可以宾至如归,好像回到家居日常一样地自在。不必拜会,不用参访,不上谈判桌,不开记者会,百分百的闲散自得,让生命在一无所有中,重新活转回来。

七窍开成浑沌亡

假期结束,二帝感念在心,想要回报浑沌无心接待的美德,在四顾苍茫间,唯有两人脸色神情的相互映照,当下发现人皆有七窍,浑沌老兄独无,两人心意相通,想要给浑沌一份神奇的礼物,那就是为浑沌开窍,每天开一窍,七天开了七窍,七窍成而浑沌死。

《庄子·齐物论》一者说"一受其成形",人的存在处境,就是无限的"心",落在有限的"形"中,二者说"其觉也形开,与接为构",人物在觉醒的状态,打开了五官的接物之门。耳目口鼻等七窍,用来视听食息,与万物接触,目视五色,耳听五音,口品五味。人与人之间,因"成形"而有彼是之分,因"形开"接物而心知介入,执着"彼是",而构成了"是非",王船山说:"知出于心,反以乱心。"庄子又说:"日以心斗。"心头乱纷纷,人物活在人间的造作纷扰,就此没完没了。此所以南北儵忽二帝,要来中央浑沌之地,解消心知执着与人为造作的根本原因。

解庄名家宣颖说:"七日而浑沌死,庄子于此不胜大悲。"这一浑沌死而庄子悲的触动感怀,会是这则寓言的贴切理解吗?要厘清这一问题,得借助另一解庄名家陈寿昌的一段话:"内七篇以南冥北冥起,以南海北海止。鲲鹏物也,化则相生,浑沌帝也,凿之乃死。"南冥北冥起,说的是《逍遥游》首段"大鹏怒飞"的寓言,与《应帝王》末段南海北海止这则"浑沌之死"的寓言,似乎暴露出内篇义理内涵前后不相应的困境。

凿之乃死，化则重生

"大鹏怒飞"说北冥有鱼，由小鱼长成大鱼，再鲲化为鹏，"化"是由大而化的蜕变转化，一头大鹏鸟展翅高飞，从北冥人间飞往南冥天池；"浑沌之死"说南海北海儵忽二帝，为中央之帝浑沌开窍，而浑沌死。陈寿昌"鲲鹏物也，化则相生"之说，显然背离了庄子这段寓言"由大而化"之价值体现的深层含义。"鲲化为鹏"是精神生命的飞跃，若"鹏化为鲲"则是生命的倒退，故"化则相生"之说，当为"化则重生"之意。且"化则重生"，可与"凿之乃死"两相对应。"化"是离形去知的修养工夫，可以开显南冥天池一体无别的最高理境。"凿"是心知执着所拖带出来的人为造作，凿破的是浑沌不分的泰初原始。

乍看之下，前后两则寓言，看似彼此背反，实则两相呼应，因为凿破浑沌的同时，正开启了走离茫昧的重生之门。北冥有鱼，在原始浑沌中，永远只是水中的一条鱼，总要凿破浑沌，走出洪荒，突破形气的禁闭与心知的障隔，由鲲化而为鹏，才可能有大鹏怒飞，从北冥浑沌飞往南冥天池的理境开显。

浑沌未分，道体无别

关键在，原始洪荒的浑沌未分，与体现天道的一体无别，分属不同的层次，如同"复归于婴儿"，可不是回归幼稚无知的婴儿，而是本德天真的婴儿；"复归于朴"，也不是回归荒凉的村落，而是朴质的乡土。浑沌未分是原始的自然与现象的自然；道体无别则是境界的自然与价值的自然。故浑沌死而鲲化鹏飞，前后不仅两相呼应，甚且相得益彰。宣颖所说"庄子于此不胜大悲"的感伤，可以完全解消，因为凿之乃死，正预留了"化则重生"的可能空间。

这则寓言，可与"庄周梦蝶"做一比较，中央之帝茫昧未分的浑沌，跟"周是周，蝶是蝶"的存在格局等同；南北二帝为浑沌开窍而走出茫昧，与"周不是周，蝶不是蝶"的功夫修养相当；浑沌死所转化开显之一体无别的天池理境，与"周只是周，蝶只是蝶"所朗现证成的体道境界，已然"道通为一"。

由是而言，道家所说的"道法自然"，"自然"不是现象的事实义，而是"然从自己来"的价值义，是"化"的修养功夫所开显之境界的自然。庄子所说的"鲲之大不知其几千里也，化而为鸟，其名曰鹏"，与孟子所说的"大而化之之谓圣"，儒道两家都是从形气物欲的自然现象，通过修养功夫的自我转化与提升，而朗现证成了天道的生命理境。

叔山无趾的迷失与觉悟——踵见仲尼

你绑住了自己,也绑住了天下,

你释放了自己,也释放了天下。

人生的迷失就在自困自苦,人生的觉悟就在自在自得。

天地不遮覆不乘载的委屈不堪

这则寓言,出自《庄子·德充符》篇。《德充符》各段故事的主角,都是形体不全的残缺人物,庄子就以"形不全"的缺陷,来说"德不形"的功夫修养。德不形于外,所以德充于内,就如同"上德不德,是以有德"的道理,"不德"就是德不形于外,"有德"就是德充于内,以老解庄,老子以"不德"的化解作用,来保存"有德"的自然美好;庄子则以"德不形于外"的功夫修养，而内敛涵藏以保有"德充于内"的本德天真。

故事开头，"鲁有兀者叔山无趾，踵见仲尼"，鲁地叔山有一个兀者，他没了脚趾，以脚踵走路，求见仲尼。孔子看他两脚残缺，依然苦撑而来，无限惋惜地说道，想必你没谨言慎行，不懂得保护自己，才惹出了事端，而付出了痛失脚趾的代价。虽然这一回艰苦前来，又怎么来得及呢？圣人救人，包括他的过往，意为你早日前来见我，不就没事了吗？孔子悲悯伤害已成，无可挽回，就好像某些人讳疾忌医，病情拖延加重，才到医院求诊，而医师责问病人一样会有"虽今来，何及矣"的叹惋。

没想到孔子发自内心的痛感怜惜，竟引来无趾的气恼，他抗声说道，我年少轻狂，不知要进德修业，生命之气耗损在不值得的事务上，以至于失去了脚趾，不过，对我来说那已成过去，今天我来是以比脚趾高贵许多的生命人格，向先生求教。这么多年来我的心思都专注在修补我生命中的伤痕，你怎么没有看到我现在的美好，反而一眼就把我逼回过往的伤痛呢？本来，我的心里一直把夫子等同于天地一样的尊崇，而上天没有它不遮覆的，大地也没有它不乘载的，没想到夫子却依然以世俗的眼光来看我，只看到我过往的不堪与残缺的双脚，却没有看到通过多年的修补涵养而重新活回来的我。原来，痛还没有过去，人家一眼就可以把你看回来。

找回人间街头失落的自己

孔子听闻无趾这一番真切的自我表白，立即充满歉意地说，那是我孔丘的粗陋之过，痛惜你过往所承受的苦，而没有看到你一路走来的道行有成，给出应有的价值认定。你何不进门来，说说你这么多年的心路历程。

孔子试图弥补自家的疏漏而真诚邀请，未被想为自己平反却得不到孔夫子肯定赞许的无趾所接受。"虽今来，何及矣"的痛切话语，无异是二度伤害，他心灰意冷之下，转头就走，决绝而去。

孔子留不住无趾，就以他作为教材，当机指点众弟子说，无趾肢体不全，还用心修补自身昔日的过错，何况身心健全的人，在体能气魄上不是更有拓展的空间吗？

无趾拒绝进孔子之门，天下虽广，也只剩下一个可以投靠的高人，那就是与至圣先师齐名的太上老君了。在老聃面前，他极力数说自己对孔子的不满，说我看孔子的人格修养，还没到达至人的最高境界吧！他为什么老是摆出要向你学道的姿态呢？我看他还在祈求人间幻化不实的声望名气，难道他还未觉悟声名对至人人格来说，反而是绑住自己的刑具吗？他心中的气愤犹未散去，敬孔子如天地，而孔子却未能像天地般地遮覆他、乘载他，就以徒有其名而未见其实的自己的感受，来论定孔子的一生。

这篇寓言说孔子向老聃学道，当然是依据"孔子问礼于老聃"的传说，实则，孔子自孔子，老聃自老聃，各创一家言，孔子问礼于老聃，不是《道德经》的作者老聃，而是一个礼学的专家，一个智慧的老人，跟说出"礼者忠信之薄而乱之首"之激切批判语的老聃，不可能是同一个人。

老聃听了这一番激越急切而有失分寸的话语，深知他心灵的创伤犹未修复，不然不会那么在意孔子一眼看到他的脚趾。老聃的道家性格，本在虚静观复，虚静心像一面明镜，镜子没有自己而照现万物，让万物回归它自己的天真本德。无趾正可以在老聃的虚静观照下疗伤止痛，而找回在人间街头失落的自己。

一起救孔子的逼问彻悟

所以，老聃只是倾听，而给出包容，不做批判，反而顺应他的语气，给出"孔子既如此不上道，那么我们一起来救他"的邀请，"解其桎梏，其可乎"，既然你所描述的孔子修行不到家，我们一者打破他对生死的执着二分，不执着"生"，

"死"就不会成为生命中的伤痛；二者打破他对可不可的执着二分，不执着"可"的价值标准，就不会有掉落在"不可"的恐惧。心中无死生之分与是非之别，就不会有刑具加身的负累与伤害。

老聃发出了我们一起来救孔子的呼唤，有如当头棒喝般，逼出了无趾的大彻大悟，试想人世间还有谁可以救孔子，即使老聃自身，充其量也仅能"相忘乎道术"的并行同游而已！老聃这一最高贵也最荒谬的邀请，有如天大的问号，敲在无趾的心头，把无趾逼回生命本身，而朗现了"无己""无功""无名"的本德天真，当下说出了最有痛切感，也最具存在感之"天刑之，安可解"这句真言，"丘，天之戮民也"，就是"天刑之"，既是老天加在他身上的使命感，试问人间会有谁可以帮他解开呢？

释放了自己也释放了天下

孟子说仁义礼智之性，"命也，有性焉，君子不谓命也"，从性的天生而有说是"天"，从"命也"的限定说是"刑"，故仁义礼智之性，就是"天刑之"，而"君子不谓命也"，也就是"安可解"之意。因为该尽的性分无限，而去承担的气命却有限，所以人生不免有憾。既不可解，也无须解，做该做的事，尽该尽的分，直接承担就是了。

无趾在无可闪躲的当下，体悟到孔子身上的桎梏，不就是自己"心"上的桎梏吗？孔子身上的"安可解"，不就是自己心上的"何须解"吗？说救孔子，实则亟待救援的反而是无趾自己；当他心中放下对孔子不满的同时，也解消了自己心上的桎梏。原来人生在世，你绑住了自己，也绑住了天下，你释放了自己，也释放了天下。人生的迷失就在自困自苦，人生的觉悟就在自在自得；而人生的自我救赎之路，就在从迷失走向觉悟。

方内方外的并行共游——道术相忘

相忘是互相放下，你不用承担我，我也不用背负你，不起执着就免除负累，你忘了我，我也忘了你，一切已在当下，所以当下可以放下一切。

方内方外的价值取向

这一则寓言故事，出现在《庄子·大宗师》，说有三位方外高人，"子桑户、孟子反、子琴张三人相与语曰"，等同发表联合宣言，征求"相与于无相与，相为于无相为"的人，可以做成朋友。

因为友朋之道，一者要能相与，二者要能相为，前者相互陪伴，后者相互支持。而陪伴要给出时间，支持要付之行动，日久天长会成了负累，所以要加上一个"无"的智慧来化解，是无心的相与，也无心的相为，既无心不执着，也就不成负累了，这样才能长久的相与，也长久的相为，而做成真正的朋友。

再问谁能跟天地同在（登天游雾），与万物同行（挠挑无极），不知生不知死，解消了生死的执着分别，永远的自在逍遥，永远的无伤无痛，这样的人才可以做成朋友，否则人间交友总会有生离的哀伤与死别的大痛。

三人心意已通，相视而笑，做成了好朋友。没过多久，子桑户死了，而他的过世，可说是三人的幸运，心中扫除了生死的阴影，知友过世已无遗憾，如同回归天地自然的老家，没有哀悼，只有送别。孔子听闻了这一信息，就派遣得意门生子贡前往助理丧事。一到现场，只见两位高人一边编曲，一边鼓琴，又相和而歌，唱送别曲，说你已回归生命的真实，而我们还在人间流落呢！

当下子贡不以为然地质问，请问停棺未葬，还弹琴高歌，合礼吗？两位高人神色淡定地答道，阁下怎能知礼的本意！原来，子贡质疑的是"礼"制，而两位回应的是"礼"意，二者分属不同层次。

游乎天地一气的方外高人

子贡受挫而回，向孔子报告此行见闻，不能理解也不能接受地问，他们到底是什么道的人物，所修所行尽在"无"掉礼制礼俗，似乎把人的形体看作是可有可无的存在，对着过世的友人鼓琴唱曲，而神情不见哀戚。请问老师，他们到底会是哪一道的人物！

孔子答道，他们是游于礼制之外，而我们是游于礼制之内，一内一外几乎没有交集的空间，我要你去协助治丧，那是我的粗陋。他们投身在自然造化的情境间，游心于天地的一气之化中，把生看成多余的累赘，把死看作是困苦的解消。他们心中无生死，认为人物的存在，是假借不同的形体，而心却依托在天道的一体无别之中。肝胆耳目的官能，可以遗忘；而生生死死的循环反复，根本不知从何处开端。他们的生命徜徉在世情俗染之外，人间事业无所挂碍，像他们这样的方外高人，怎么可能会被世俗之礼绑住，勉强自己而展示给天下人看呢？

这是孔圣人对隐者朋友既达人心，又达人气的同情了解，跟方外人的心同在，也跟方外人的气同行，他要安抚子贡受挫的心情，又不想批判方外高人的言行，只好说都是自己的粗陋之过。而这一番对方外高人的高度评价，让子贡深感困惑，似乎失去了孔子开创儒学的本有立场，立即问出了他要追随孔子走怎么样的人生路。说孔子把方外高人的价值取向评价如此之高，那请问孔子你到底要依于何方？是方内，还是方外？

依于方内的天生劳累人

这涉及儒门师生行走人间的路线问题，是无可闪躲，且要明确地回答子贡"夫子何方之依"的逼问。庄子寓言引孔子作为故事的主角，成了自己的代言人，但不能委屈孔子，甚或丑化孔子，那会是对孔夫子的大不敬。所以庄子如何写寓言中孔子的言行举止，反映的是庄子自己的生命高度。

孔子回答说："丘，天之戮民也，虽然，吾与汝共之。"这句话的分量无比重大，也十分动人，说我孔丘是天生的劳累人，直截了当地说自己当然是依于方内。方内要把天下人纳入体制中运作，发挥角色功能，总要承担责任，与尘嚣俗染共处，老子说"同其尘"，治国平天下总得浑同自己于尘土，世情如尘土，这是人物活在人间的共命。虽然承担不免劳累，我们师生俩还是一起来守住方内之道吧！

儒门与隐者的人间对话

《论语》有一段记载，说子路追随孔子，因事落后，遇上荷蓧丈人，请问老先生有看到我的老师路过吗？丈人却以"四体不勤，五谷不分"讥刺孔子，自顾低头除草，一副不理人的样子。子路仍拱手行礼，站立一旁，丈人就留子路过夜。且"杀鸡为黍以食之"，还"见其二子"，这是儒门与隐者之间的直接照面与善意互动。隔天，子路赶上孔子，说出这段遭遇，孔子一听，接口就说："隐者也。"当下要子路回头去见丈人，可能要对隐者表达一分敬重之情吧！可惜"至则行矣"，不见了丈人一家人身影。显然丈人对孔子的心胸气度是有深刻体认的，隐者遁世还能行脚何方，想当然耳是藏身在草房田野的某一角落，跟"歌而过孔子"的接舆一样避开跟孔子的直接对话，担心会被孔子的三两句折服，而动摇了自己从人间隐退的理念吧！

不过，子路深知他们一家人并未走远，就对着草丛旷野说出了一段儒者的自我表白，"道之不行，已知之矣"，大道不能实现于当世，我们早就心中有数了。问题不在有没有可能，而在应不应该，诚如隐者晨门说孔子是"知其不可而为之"，虽属事实的不可能，却是价值的当该为。由此而言，庄子笔下的孔子，还是保有孔夫子"士志于道"的生命高度，符合了《论语》一书所塑造刻画的儒者形象。

方内方外相忘而共游

子贡得到了可以安下心来的答案，进一步请孔子教导要如何去做。孔子答道:"鱼相造乎水,人相造乎道。相造乎水者,穿池而养给;相造乎道者,无事而生定。故曰,鱼相忘于江湖,人相忘于道术。"

这一段话,以鱼相造乎水,来说人相造乎道;再以鱼在水中相遇的穿池养给,来说人在道中相遇的无事生定;最后以鱼在水中的养分自给,与人在道中的生命自定,来说鱼在江水湖水中可以相忘,人在道体术用中也可以相忘。相忘是互相放下,你不用承担我,我也不用背负你,不起执着就免除负累,你忘了我,我也忘了你,对鱼来说"水"是一切美好的源头,对人来说"道"就是一切价值的依归。水是一切,道是一切,一切已在当下,所以当下可以放下一切。人我之间说是相忘,就个人修养来说,是谓"坐忘"。"坐"就是当下现前的意思。

儒游于方内,道游于方外,儒家的道术与道家的道术可以相忘,也可以共游,《齐物论》平齐儒墨两家的是非,给出"因是"而"两行"的多元价值;《大宗师》则给出儒道两家道术可以相忘且并行的开放空间。原来儒墨两家可以皆是而无非,儒道两家也可以相忘而共游,这是庄子立身在战国时代中所开发出来之最高明的智慧与最开阔的心胸。

寓言最后,子贡说"敢问畸人"?他还是放不下那三位方外高人,他们是人间畸零人,特立独行而自我放逐在人间理序之外,要安身立命于何方?孔子给出的回答是"畸于人而侔于天",尽管异于人,却同于天,从人间来看,似乎是背离礼俗的小人,而从天道来看,却是一位朗现天真的君子。人物活在人间,展开人生的行程,最后的价值依归之所,就在天道自然。

II

在人间世逍遥游

——读庄子话人生

前言　引传统进入现代，让经典回归生活的现代解读

我讲老庄超过四十年了，从1972年在台湾辅仁大学哲学系开讲老庄到了今天，从未间断。但我的老庄到了这两年才写出来，其他学者大多会赶在中壮年的阶段就把书写出来，这样才可以发挥自己的影响力，因为处在讲学的高峰，活动力也最强，适时把自己的书推出来，在销售方面被接受度也会高许多。我刚好相反，是在我退休的年龄才把书写出来，一方面代表对自己负责，一方面也对先贤负责。

因为《老子》《庄子》这样的经典是需要用一生去解读、去感受、去感应、去体会、去体悟的。虽然我一路走来写出不少老庄的论文，书也出版了，但是一句一句去解读《老子》跟《庄子》，要写得出来老实说是比较艰难的，但却是最实在的。对每一个字负责，通过历代的注解，消化老庄专家的不同观点，而给出现代含义的解读。

我的诠释理念有二：一是"引传统进入现代"，面对几

千年的传统，我们一定要把传统的经典引进现代来；二是"让经典回归生活"，它是传统的经典，但不离现代的生活，所以解读经典要与现代生活连接。假定我们没有把传统引入现代，也没有让经典回归生活的话，那经书典籍是死的。关键在跟现代生活会有什么关联、有什么意义？所以我的现代解读可不是跳开两千年来的学术文化传统，仅以个人的体验来解读；毕竟其间经历了几千年的传承，所以我才一边开课讲学，一边自己来体会、体悟，一直到退休年龄才写出来。

我解读的是《庄子》九大名篇，这是庄子的代表作。代表庄子思想的是内七篇，另外解读外篇的《秋水》与杂篇的《天下》。《秋水》被认定是文学艺术的瑰宝，而《天下》则是诸子百家的统贯终结之作。

在读者的心目中，金庸武侠小说如同经典，倘若诸位读我的书，会看到我老是用武侠小说的人物性格与故事情节，甚至隽永话语来映射当代，因为大家都有共同的阅读，有共同的话题，就像《三国演义》或《红楼梦》一样，大家都是耳熟能详的，能够展开对话。

解读《庄子》九大名篇，每一段落我都标示纲目，且大纲目之下又有小纲目，凸显全篇的理论架构，段与段之间可以连接下来。不然的话，因为《庄子》篇幅太长，不容易抓住要点，读到后面就忘记前面讲些什么，所以不容易读。问题是它值得读,它是文学的瑰宝,又是哲理的经典;庄子是一个大文豪又是一个大思想家,我们要把他的书,读进我们的心中,既引传统进入现代,又让经典回归生活。

解消忙、茫、盲的生命病痛

物欲束缚让我们忙碌不堪，
情意牵引让我们茫然不定，
无法无天性灵封闭会让我们盲昧不明，
身心灵三层次的生命病痛由是而生。

身心灵的生命病痛

流传千年的庄子寓言都是很经典的故事，每一篇章或段落都很精彩，都很有味道。我想先从忙、茫、盲的现代人生切入，来审视身、心、灵三层次的生命病痛。这个身、心、灵的区分，依学术范畴之自然科学、社会科学与人文学科的三分而来。人文不说是科学，而说是学科，因为那一套实验问卷统计量化的研究方法，用在人文心灵上是不适合的。

依学术界域的三分来看，人有三个身份，第一个身份是"自然物"，这是形气物欲的"身"；第二个身份，我们是一个"社会人"，在人际关系里面，在群体社会展开一生的行程，承担社会的责任，与事业的开展，彼此间有竞争与排名的压力和挫折，这是心理反应的"心"；再来就是"人文心"的第三个身份，本来我们讲心灵，这边的"灵"才是代表我们传统所讲的心灵或性灵。"社会人"的"心"，与"人文心"的"灵"，当分属不同的层次。今天所谓的"人文心"是人的生命主体，可以甄别判定方向，也开发动力，而"社会人"的"心"仅是面对挑战的心理反应，在压力之下承受挫折，很多负面的情绪会出来，带来委屈难堪的严重伤痛。

我们关心现代人生，可以从身、心、灵三个层次来描绘：做一个自然物，我们是很"忙碌"的；身为社会人，处在人间的十字街头，我们是"茫然"的；再就最上层的人文心灵来看，我们不免因痴迷狂热而自我封闭，心不灵而"盲昧"。用忙、茫、盲三个字，来描述现代人生的病痛：自然物，我们忙碌，且忙碌到不堪的程度，不堪就是承受不了了，撑不下去了，太忙、太累了；而社会人的茫然，让我们的人生落在一个不定的状态，这个不定就是漂泊感，不由自主地在人世间流落，这叫茫然不定；从人文心的盲昧来说，心不能当家做主，看不到远景，也给不出理想，心灵自我封限在盲昧不明的状态。

忙、茫、盲的现代街头

当前，忙、茫、盲的现代社会，引发了身、心、灵的生命病痛。自然物忙碌不堪，是因为物有物欲，物欲把我们绑住。在人跟人之间相处的社会人这边，主要是情意的交流互动，但是，"情"会带来情累，而且情累再转成心结。人际关系之所以会紧张，主要在争高下，彼此间会伤感情，误会难免，情累牵引转成心结，心有万万情，也有千千结，心会纠缠打结。那从最高的性灵来说，我们是封闭的，天光不下照；心灵无光才会盲昧。物欲束缚让我们忙碌不堪，情意牵引让我们茫然不定，无法无天性灵封闭会让我们盲昧不明，这就是身、心、灵三层次的生命病痛。

自然物"忙碌不堪"的病痛拖带出来的后遗症就是，失眠跟厌食。二者本是生命的本能，人生只要吃得下、睡得着，存在就不会有问题。我家女儿在读初中、高中的阶段，功课很累，回到家她躺下来小睡片刻，妈妈就念经，什么"回来不读书，倒头就睡"，我立刻抗议说我们家女儿睡得着，就是人生的美好，还好她睡得着也吃得下。现代人的问题出在，竟然吃不下、睡不着，竟然失去了生物的本能，这是此"身"忙碌不堪的病痛。

而社会人心理"茫然不定"的副作用，则在躁郁症，因为竞争太激烈了，而且变动太快，价值在转换，那就冲击我们对情境变动的心理适应，压力太大了，要么就是忧郁，要么就是躁郁。郁结在"躁"是为了要捍卫自己，逼自己变成超人，好像我什么都不怕，什么都不在乎，用自大来面对人世间的挑战。另外一个郁结在"忧"这一边，他会想象大家都不喜欢自己，也看不起自己，严重的自卑感缠绕心头，面对挑战他选择逃避，躁与忧各走极端。实则很自大的人本质上是很自卑的，他用自大来掩盖自己的卑微，他心理不平衡，且感受屈辱与挫折，而以傲慢来壮大自己，这个就是躁郁。

在人文心灵"盲昧不明"的这一方面，盲昧不明在性灵封闭，来自天理、天道的光下不来，心因执着而封闭，反而沉迷在神秘的灵异现象，不问苍生问鬼神，求神问卜有如灵异团。这是什么时代了，自然科学与社会科学的知识对于所有的困惑，都给出解决的方案，但是在最现代的社会，我们反而相信民俗信仰的灵异说法，又用了太多的心思，去寻求合乎自己想望的解释。哲学就是用理性、用思想来解释，而不往灵异神通寻求解答。假如我们能够引传统进入现代，且让经典回归生活，就可以面对忙、茫、盲的现代社会，而解消身、心、灵的生命病痛，我们用这三个层次来给出合理的解释。

阳刚的宗教给出阳光，阴柔的宗教化解阴影

生命三层次的问题，看庄子会给我们如何解答。庄子是通过道家智慧来面对问题，来解消问题，而不见得非用灵异的或神秘的方式来取得解释不可。灵异跟神秘说的不是宗教信仰，宗教信仰不论佛弟子或基督徒都有佛经、有《圣经》，佛经、《圣经》是跟我们的《道德经》《南华真经》一样的大系统，我们也可以通过《论语》跟《孟子》来解读人生。此外，还有一部很重要的经，叫作《古兰经》。所以世界五大教，都要把经典引入现代，且让经典回归生活。

各大教都该当如此。只是老庄很特别，经典教义刚好在解消人世间的执迷跟压力，全副生命都在这里。佛门也可以，佛门讲空，老庄讲无，空跟无重在解消人生的负面；而基督教、伊斯兰教跟儒家是比较正面的关怀与开拓，他们用积极的理想，上帝的爱啊，真主的爱啊，人性的爱啊，天理良心啦，去开创美好人生，很积极，很阳光。但是阳光总是会拖带出阴影，做好人、做好事，且立志做大事，做第一等人，但是人间事不能够尽如人意，正面的追寻会引生出负面的效应，当负面的情绪涌现，会形成对抗，正面阳刚的理想会承受很大的冲

击，生命会从高峰跌落深谷，带来严重的生命伤痛。这三大教很阳光，很阳刚，佛跟道就比较阴柔，在阳刚的事业出了大挫折，一堆问题浮现的时候，佛门跟道家再挺身出来，化解你生命中的负面伤痛。今天我们讲老庄的智慧，都聚焦在这样的思考跟观点上。

自我有限而人间复杂的存在困局

> 人生在世,在面对人物的有限之外,又面对人间的复杂,
> 涵养生命主体的灵动,尊重每一个人的不同,
> 就可以转有限而为无限,化复杂而为单纯。

生有涯、知无涯的存在处境

庄子对人间世情的描述,最重要的就在"吾生也有涯,而知也无涯"这一句话:人生第一个问题在"生也有涯",第二个问题在"知也无涯"。"吾生也有涯",说此生有限,人的存在处境,是我们无限的"心"困在有限的"物"里面,我们的心无限,情意理想无限,我们的爱无限,关怀无限,我们真的可以同时拥抱整个人间,我们关心全球人类,在生态环保的议题

上,对所有弱势的族群,包括那些宠物,有没有得到应有的尊重,有没有得到应有的照顾,我们的心是悲悯痛切的。

人生总是有遗憾的,因为我们希望全世界都美好,但是人生只走一回,每一个人只能过百年人生,这叫"有涯",有涯就是有限。一天二十四小时,你能够不睡眠吗?能够不休息吗?当老师的可以完完全全奉献自己,让自己支撑不了也承受不住吗?而孝敬父母也面对一样的难题,今天的人都是一儿一女恰恰好,甚至是只有一个孩子的也不算少,等父母亲一生病、一住院,整个压力都在他们身上,既要工作养家,又要照顾小儿女。以前的人没有问题啊,一家满是孩子,像我们家,我妈妈生了十一个,存活下来九个,所以他们两位老人家在生病的时候,我们做儿子、媳妇的,还有女儿、女婿,加上孙儿女,这个大家庭就是一个生命共同体,支撑每一个人的成长与苦难。现在生命共同体解体了,以前我们还有一个"人不亲土亲"的乡土,乡土保护每一个小孩子长大,这个乡土保护区现在也被污染了,那样可以接纳每一个游子随时回来的乡土,已然不存在了。

放下自己,跟自己和解

人生再怎么苦,我们心灵上都要有一个寄托,有一个心灵的归乡，我们总是可以藏在那里休养生息，但是现在心灵的归乡也告失落。不然的话，我们怎么会忙、茫、盲？怎么会如此不堪、不定且不明？

今天我们一定要同情自己，而且要跟自己和解，千万不要对自己过度的责难。因为，我们这个身体是有限的，尽管心是无限的，爱心无限、责任无限、理想无限……人为万物之灵就要替天行道，现在讲环境保护，维护生态平衡，为弱势族群或是不会替自己争取权益的飞禽走兽，我们就以万物之"灵"的人文心来保护他们。有时候我们力有未逮，体能气力是有限的，所以要承认自己有限，我们是一个"人物"的存在，既是自然物，又是社会人，如何界定人生？就是人物走入人间，去展开人生的行程。

人生在世，在面对人物的有限之外，又面对人间的复杂，吾生也有涯，承认自己的有限，要跟自己和解，放下自己，谅解自己，当然，也谅解我们的父母亲，我们的儿女，我们的先生或太太，因为他们也是有限的。

心知执着形成压迫

再看"知也无涯"的"知"，不是指涉知识，尽管经典要引入现代，要回归生活，但是，那个"知"可不是今天知识学问的意思,"知也无涯"不是说图书馆藏书无限。儒家讲的"知",是道德良知,天理良心一定知善知恶,不可能不知道。西方宗教传统下可以这样说:"主啊,赦免他们,因为他们所做的,他们自己不知道!"这样的祈祷词,在儒家文化氛围中,不可能被接受。恐怕会被孟子责骂:怎么不知道,良知是人人皆知,本来就知。

就道家来讲,《老子》第二章讲知善知美的"知","知"的主体是"心",而"知"的本质是执着,美善是价值标准,我们的心会执着一套"美"跟"善"的价值标准;再进一步,我们会责求天下人要符合我的标准。把标准定在自己,是偏见;责求天下人符合我的标准,则是傲慢。各位好好想想,身为儿女的人有没有用自己的标准等待父母要符合我们的标准?反之亦然,我们做父母的人,要问自己,是不是老用自己的标准去责求儿女要符合我们的标准?

事实上,父母、子女在不同的时代成长,怎么可能会有同样的价值标准?所以,这个"知也无涯"的意思就是你心知的执着太多,你想要的太多,可能对亲人朋友形成压迫。此生有限,我们总要走上人间街头去结交朋友,虽然我们有限,但是我们可以扩展自己,以文会友,且以友辅仁,参加社团活动,可以分享友谊道义的美好,让自己永远不孤单。问题是,你走上街头,街头上什么都有,你就会什么都想要,这叫"知也无涯"。庄子告诉我们,此生如此有限,而你心里面想要的又太多,这就是不可能的任务!

"以有涯随无涯"的存在困局

庄子用一句话来描述人生的困局:"以有涯随无涯。""随"是去追逐、追寻,无涯就像滚雪球一样,越滚越大,永远也停不下来。《庄子·齐物论》的描述是"其行尽如驰",大家每天都在路上奔驰,"莫之能止",没有人停得下来。为什么没有人停得下来?因为你停下来你就输了。

每个人都不敢休闲,不敢放假,不敢入睡。我家儿子初高中时深夜还坐在书桌前读书,一两点了,依旧屹立如山,我一个钟头去看他一次,怎么坐得这么挺直,走近一看,原来睡着了。我说,上床睡觉吧,都一点半了。不行,他断然拒绝。我说怎么不行,你累了嘛,你明天还要上课,上课会没有精神。他说不行,同学都还在念——这已进入想象的层次了。我说,好,你把同学电话给我,我一家一家打电话去问问看——让他明天被骂,把同学吵醒,正好大家一起起来读书。君子以文会友,以友辅仁嘛,把同学喊起来,大家半夜一起读书,这样才公平。

人物有限而人间复杂

"知"进入想象的层次,会变成恐慌,所以不敢休假、不敢睡眠,这又是另一形态的"知也无涯"。而人生就是人物走在人间,有涯的人物去追逐无涯的人间,人间什么都有,所以我们要当自己生命的主人,不要逛大街,勇闯精品店,最好直接回家。从校园教室出来,我都直接搭车回家,有时候校长会邀请同人,晚上留下来嘛,参加某些人文活动,我还是选择回家。我到百货公司演讲,主办单位问王教授要不要参观,我说不用了,告辞回家。因为街头什么都有,会牵动我的心,心知会起执着,你会被牵动,引发人为造作,而形成情累或心结。

所以生活要简单,"吾生有涯"是人物的有限性,"知也无涯"是人间的复杂性。人物有限而人间复杂,所以做人很难。一样的邀请,在取舍之间,你要答应哪一边呢?是朋友吗?是师生吗?还是同乡啊?人家的邀请,你接受这边,拒绝另外一边,你就得罪人。最简单的例子是,一个男人最大的难题就在妈妈跟太太之间。一个是妈妈,一个是太太,而太太也是儿女的妈妈,妈妈最大,所以麻烦大了。妈妈对妈妈一样伟大,婆媳问题让一个大男人很难做,甚至有人吓得不敢回家。我跟他说你怎么可以不回家呢?你才能够化解啊,你是二者间的中介桥梁,你一定要得到太太的谅解,要得到妈妈的宽容，那婆媳之间的困扰就可以化解，不能老想逃避。

不在事实的不可能，而在价值的不值得

所以，有限的人物走在复杂的人间路上，这个叫"以有涯随无涯"，庄子加了一句"殆已"的论断。人生总会有问题，不要以为只有你有问题，大家问题都很大，"殆已"就是不可能的任务。你的时间如此有限，你想要的又那么多，当然不可能完成，但是我要跟诸位说，庄子的义理重点不在不可能，而在不值得。假定是值得的话，那么我们可以像愚公移山一样，我这一代移不完，我下一代接续，代代相传，儒家不就是这样吗？文化传统流传几千年，总是世代传承，只因为它值得，这一代没有完成，下一代承接。所以，庄子说"殆已"，它不仅是事实的不可能，它更是价值的不值得。

你不要看人物有限，人生只有百年，但时时刻刻都是真的，诸位有没有想过这个问题？属于我的时间，分分秒秒都是真的，不管我是面对父母还是儿女、面对先生或太太、面对同学朋友，情意都是真的；而人间街头的名利权势，看似无限的痴迷狂热，却是假的，你怎么可以用生命自我的真，去换取人间街头的假？儒家讲性善，道家讲天真，就因为人性本善，所以我一生就要把"人性的善"实现出来；也因为天生本真，每一个人天生本来都是真的,像婴儿般天真,所以一生路上就要维护这个真。你怎么会让真的人生变成假的?那不是白走一趟、白忙一场?所以"以有涯随无涯,殆已","殆已"就是终归毁坏的意思,问题是毁坏不在它不可能,而在它根本就不值得。

逍遥游转有限而为无限

庄子认为从此生人物的有限,去追逐人间街头的无限,问题在那个无限是假的,而有限却是真的。内篇《养生主》,就在"灵"的层次说"生主",生命主体在心,所以你要通过"生主"来解开人间的复杂跟人物的有限。我们要依据我们生命主体的虚静观照,去解消人间的复杂跟人物的有限。人物有限在物欲的束缚与官能的局限,我们养"生主",涵养生命主体的灵动,它就不会自我禁闭,就不会是盲昧的。面对人文心可能盲昧而不明的生命病痛,你就要养这个"生主"。

人物有限怎么办?尽管此生仅有百年岁月,但是我们每天"逍遥游"。老、中、少三代,每一个人逍遥游,你可以在读书中逍遥游,也可以在工作中逍遥游,更可以在退休的岁月逍遥游——很多退休的人并不快乐,可见快乐不是天上掉下来的礼物,而是要用修养功夫去开发出来的。人物有限的出路就在逍遥游，道而后能遥，遥而后可游，解消执着造作，生命无待于外，分分秒秒都转化而成无限，这是品质问题，不是数量问题。分分秒秒逍遥游，每一个刹那都可以成为永恒，因为它值得；分分秒秒自在，尽管处在有限的岁月，它也是值得的。所以，人物尽管有限，你可以寻求无限。无限在哪里讲，在品质上讲，价值无限。我可以逍遥游，此生不论少年、中年、老年，都逍遥游，少年要成长，中年要创业，老年要休闲，人生三个阶段，一家三代都逍遥游。

尊重每一个人跟我们的不同

再说"知也无涯"，人间不是很复杂吗？事实上只要大家公平竞争，开放透明，我们都可以放下，跟自己和解，先跟人物和解，承认自我是有限的，再跟人间街头和解，接受天下是复杂的，所以要尊重每一个人跟我们的不同，在谅解包容中，形成共识。

道家的智慧教导我们，人家只是跟我们不同，不同的美、不同的善，人家不见得不对。因为我把美善的标准定在自己的身上，发现人家跟我不同，就怀疑它不善不美。事实上，你没有还原为不同的善、不同的美，只是不同的宗教信仰、不同的地方礼俗、不同的家族传统、不同的成长背景，承认人家跟我们的不同，尊重人家跟我们的不同，就可以把复杂化为单纯。

齐物论化复杂而为单纯

　　复杂化为单纯要怎么化？就在齐物论。《庄子》第一篇不是《逍遥游》、第二篇不是《齐物论》吗？《逍遥游》就是在解消人物的有限性，此生有限且百年大限，但是分分秒秒都是真的，值得我优游其间。假定人生每一天都颠沛流离，每天都那么辛苦，那么哀伤，请问，你活了两百岁，不是痛苦的延长吗？可见，过一生岁月应该重在每分每秒的质量，让它维持质量的无限。那就要真人讲真话，流露真情，且让真相大白，一切都是真的，绝对不允许假的，我们哪里有那么多时间去应酬那些虚假的人事物。

　　说齐物论可以化复杂为单纯，那请问什么叫物论？物论就是用哲学理论来解释万物的存在。就儒家讲是人性本善，所以人是有荣耀、有尊严的存在，这就是合理地解释人物的存在。道家说每一个人都天生本真，也合理地解释人物的存在。哲学要合理地解释人物与人间的存在，因为只有合理才存在，不合理就不存在。假定我觉得自己不对，就会吃不下、睡不着；你一定要心安理得，要理直气壮，不然你睡不着、也吃不下，因为你觉得自己不合理。所以赶快道歉，赶快认错，赶快悔过，这才是自救行动，不要让心的不安感拖长，让那个心里面的压力扩散，当下就把它解消。

物论平等，消弭纷争

现在我们讲齐物论，就要说各大教教义平等，佛弟子跟基督徒平等，教义平等，才可能信徒平等。假定是基督徒看不起佛弟子，或对儒家与道家的教义不以为然的话，那怎么可能平等？未来人类的难题，很可能来自宗教信仰的对抗。《齐物论》是《庄子》最重要的一篇，"物论"从宗教信仰来说，就是宗教的教义，《圣经》《古兰经》《道德经》，与《论语》、佛经平等。物论平齐，世界情势就不会那么复杂。不然的话，宗教信仰是没有人可以退让的，因为宗教讲最高真理，怎么可以退让！上帝最高，真主也最高，那我怎么可以退让！每一家都认为自己是最高的真理，而怀疑对方不是正宗大教，就成为人间的大问题。

就人生来说的话，也要有齐物论的气度。有的人看重知识，有的人看重生命，有的人很看重事业的版图，有的人很看重人格的高度，每一个人有不同的人生观，我们要给出平等的尊重，这样的话人间就不会那么复杂。

要用"心"说话,别用"气"说话

回到人生的存在处境呢?是无限的心落在有限的物,且要穿越复杂的人间。我们说要修成正果,就在情爱婚姻的理想追寻中,穿越人间的考验。太多的男男女女挤在街头,太多错综复杂的互动遇合,所以现代人的婚姻维系不易。从人物来说的话,我们会对最爱的人说最气的话,因为爱是通过气表现的,最爱而以最气的姿态出现,理由在对方承受得起。尤其儿女对父母讲话,几近不礼貌,全世界只有父母可以容忍他们讲那样的气话,这一句话在外面讲没有人会理你,那就一个朋友都没有。感情要通过人物的有限性与人间的复杂性,人生路上有那么多人,你有可能碰到一个更喜欢的人,所以我们就依伦理来把它定住。对最爱的人而生最大的气,就要有修养功夫来解消。

所有的爱,要用你的"心"对他说话,不要用你的"气"对他说话。在生气的时候绝对不要多说,在平心静气时再跟父母子女或夫妻对话。儿女跟父母间讲的气话通通不算,那是撒娇,实则他在气自己,不能当真。你要用真心且贴心来讲,要用无限的心来讲,你不能够用有限的气来讲,也不要让人间的复杂来介入干扰。

以"物"的有限,游出"心"的无限

人家只是跟我们不同,人家不一定不对。
心是虚的才能够无限地包容,且心虚静如镜才能够看到别人。
涵养心灵的冲虚,你才能够理解对方,学习倾听。

"乘物以游心"的逍遥游

人生的出路,庄子写《人间世》,要我们"乘物以游心",也就是逍遥游。事实上逍遥游可以跟生命三个层次一一相应,人物要逍(消),人间能遥,人生则可游。底下一句话"托不得已以养中",这个"中"应当"冲"解,"冲"是冲虚,养生主就是要养"心"的冲虚。因为心是虚的才能够无限地包容,且心虚静如镜才能够看到别人。假定心里面有执着,你就看不到别人,好恶太强的人,看不到别人,也容不下别人,你放下你的好恶,才会看到你的亲人,包容你的朋友,虚静心就像一面镜子。因为镜子没有自己,所以镜子可以照现每一个人。老子这样说,庄子也这样说。

乘"物"的什么?即乘物的有限性;游"心"的什么?游心的无限性。所以当在心灵找出路,不要在形气找出路,人的形体本来就是有限的,生理官能欲求,生理官能会生病,中年之后官能会衰退。所以人生一定要在心灵找出路,听音乐演奏,看艺术画展,读经典安顿生命,做慈善公益,人世间值得我们永恒追寻的就叫心灵的归乡。一定要找到心灵的归乡,那是价值的无限,落在人间的奔竞争逐何止复杂,更是纷扰,你扩展地盘,抢尽优势,就会压迫别人,伤害别人。大家往精神心灵的路上走,道路无限宽广,大家一起形而上,也一体成全。没有人要跟你抢着信基督,也没有人跟你争着当佛弟子,大家一起修行,大家一起证道,大家一起去活出心灵的无限性,所以说"乘物以游心",凭借"物"的有限,游出"心"的无限,这就是人生的出路,人人皆可逍遥游。

"托不得已以养中"的齐物论

"托不得已",端在人间的复杂。什么叫"不得已",说的是你不能让它停下来,试问我们最大的不得已会是什么?就是时间。青年朋友最了解，明天要期末考，今天时间照样一分一秒过去，你没办法让它不动，你读不完，时间却一直流逝。

"不得已"的"已"当"止"解，有时间就有变化，你不能让社会停止不动，分分秒秒都在前进，都在变化。台风来了下暴雨，你不能让暴雨停下来，这就是"不得已"。人间世界有太多的不得已，我们就寄身在这不得已的人间，你不能让它停格不动。"以养中"是养心灵的冲虚，让自己心虚静，不然你的心有太多纷扰，心头乱纷纷，生命难以安顿。

《人间世》这两句话，"乘物以游心，托不得已以养中"，尽管人世间是那样的纷扰，但我的心是平静的，不是我们冷酷，而是化复杂为单纯。心灵虚静，不只解消纷扰，还可以看到真相，甚至可以排解无谓的纠纷，而给出每一个人活出自己的空间。

人家只是不同，不是不对

如同先生为太太想，太太为先生想，先生不能只想先生自己，太太不能只想太太自己，那怎么可能形成命运共同体，这就是"托不得已以养中"，因为你要养心灵的冲虚，才能够理解对方，学习倾听。人家只是跟我们不同，人家不一定不对。请诸位记住我这句话，不管在不同的宗教信仰，在不同的党团流派之间，对应不同的礼俗与不同的传统，我们永远要这样想，性别问题已成当代显学，男女大不同，大男人主义的时代已然远去，我们把男人的"大"解消，才会尊重女性的不同思维与价值取向。好好想，生我的是谁？我的妈妈；我最爱的是谁？我的女儿。你还会有大男人主义的偏执吗？所以大男人主义在面对妈妈、面对女儿时，立刻消散，这就是涵养吾心的冲虚。

养"生主"的心，带动人物游人间

我们用生命三层次来理解问题，人生是出在人物的问题，还是人间的问题？人物的问题与人间的问题，重点都要靠最上层的人文心灵来养、来游，心灵的无限就在不得已的人间做涵养的功夫，且可以在物的有限中活出无限，所以关键就在"心"。养"生"之道在养"生主"，"生主"要连读，此生命主体就是我们的心，我的生命谁来做主？我的心做主。千万不要让自己的物欲来做主。无限的心可以穿越复杂的人间，再解消人物的有限。人物是有限的，人间是复杂的，你要用无限的心，把有限的化成无限，又把复杂的转为单纯。原来人间可以转单纯，人物也可以转无限，关键就在无限的"心"。

生命主体在无限的心，刚刚不是讲逍遥游吗？"逍"在自然物的层次,"遥"在社会人的层次,"游"在人文心的层次。"心"做主引人物游人间。

无心无知无为无用给出美感空间

"物论"是人间社会各种不同的诠释系统、不同的理论建构与不同的价值观,"齐"在"人文心"的解消执着与分别。逍遥游与齐物论分别讲三层次:人物的有限性,要解"逍"人的形气物欲;人间的复杂性,要平"齐""物论"的分歧;物欲解消,物论平齐,人物可以释放,人间可以宽广,是为"遥",有限转无限,复杂归单纯,那就无入而不自得,随时可游,也随处可游了。

我们正在解读《庄子》,因为每一代的中国人都读《庄子》,第一流的诗人、画家都读《庄子》,包括书法家,董阳孜书法展找两位学者写出《老庄说书》来做诠释。本来老庄不是为艺术文学而写,不是为书法、绘画或音乐而写,但是它们给出了艺术文学的空间和情意美感的空间,几千年传统,艺术美感的世界是老庄开发出来的。"道"在下层,指涉的是人物,要解消人物的有限性,不要被物欲绑住,被物欲禁闭;"遥"就在"心知"的层次,不要起执着,你不要把价值标准定在自己的身上,且要求别人要合乎自己的价值标准,而引来天下人的反感与抗拒,这个社会就变得紧张而复杂。无心无知,无为无事,无用无欲,犹如"偷得浮生半日闲"跟"将谓偷闲学少年",不是偷来闲情,而是心的"无"给出的美感空间,超离在道德、知识与实用之上,无心无知,又无为无用,人间事物当下朗现了自在的美感。

解消心知执着,天地无限宽广

本来你走你的路,我走我的路,你活出你的内涵,我活出我的内涵,何等简单,这叫"道可道,非常道;名可名,非常名"。可道、可名就是要求别人走我的路,要求别人符合我的价值标准。什么叫常道、常名?你不执着,无分别,让每一个人去走他自己想走的人生道路,让每一个人去活出他自己想要的价值内涵。放开嘛,让儿女活出他自己,让学生活出他自己,让先生太太活出他自己,让朋友活出他自己,不要把家人绑住,把友朋套牢。现在年轻朋友几乎不愿意走向婚姻,因为婚姻通过法律来制约,通过社会体制来认定。你看"布裘恋"①,他们在欧洲结婚。儿子要求爸爸妈妈结婚,不然他就没有身份,他会来历不明,"那我到底是谁?"。两个大明星不是听

---

① 指的是美国演员布拉德·皮特和安吉丽娜·朱莉,二人目前已离婚。——编者注

儿子的话吗？所以他们就去找一个法律效力规范不到他们的地方结婚，既合乎孩子的标准，又避开人间的复杂，假设哪一天婚姻发生问题，那只是两个人之间的事，不牵涉法律权益的复杂性。

所以你解消心知的执着，天地就可以无限宽广，是什么让人世间变得狭窄？就是执着太多，每一个人都用自己的标准去责求对方，所以互相给出压力。现在我们都放下来，我齐物论了，我也逍遥游了。谁都不妨碍谁，谁都不压迫谁，既解消人物的有限性，又解消人间的复杂性，人物的有限性是通过心知执着带出来的，心知不执着怎么会有限？物本来是实然的存在嘛，形气物欲一样过日子嘛。有时候跟学生好久没见面，他们来看老师时我就跟他们讲好好过日子，以前给他们很多压力，现在不指导论文了，纯然是朋友，只关心他们活得好不好。学生说自己没有什么成就，不好意思来看老师。我说，成就不重要，活得好才重要，你有没有好好过日子？家常日常本来就天大地大。

"物论"是世界观与人生观

逍遥游分属三个层次，齐物论也是分属三个层次，人物是在物论底下的存在，是在基督教义底下的基督徒，是在佛教教义底下的佛弟子,是在民间信仰底下的乡土人。台湾人大部分都是民间信仰,我拜我妈妈拜的,我相信人死后在另外一个地方跟亲人重聚。此所以有一天我们离开人世间,要到另外一个世界去找寻跟我们失散的父母亲,我们重新把他找回来,我们跟祖宗在另外一个世界团聚。由此看来,清明节对我们来说比春节还重大,春节只是活着的人团聚,清明节则是跟死去的祖宗在一起。

这样的观点就是物论,形成我们的世界观、人生观,我们就活在这样的世界观、人生观里面。我知道我是谁、我想要什么、我要往何处去,你知道你是谁、你想要什么、你要往何处去,人文心就不会盲昧不明,社会人就不会茫然不定,自然物就不会忙碌不堪。为什么?因为值得啊,我辛苦但是为了我所爱的家人。

用"心"来齐"物论"

所以,齐"物论",用"心"来齐,心里面有亲人朋友,尽管有不同的观点,不同的立场,我都可以齐。所以先生太太间也可以有不同的政党,也可以有不同的信仰啊,你要尊重,互相给空间,我们的心互相包容,就可以平齐在不同"物论"之下的不同观点。

我家儿女跟妈妈讲道理,爸爸都不说话,爸爸敢说吗?那个人叫妈祖耶！爸爸两边都用心来"齐",我爱儿女,也尊重太太。我们一家人四个成员,本来是很简单的,外加一只猫,与猫相处也带出不同的态度,我和女儿跟猫比较亲近,另外两个差一点。所以有时候对猫的关怀或讲话的语气也大有分别,我老是说猫还没有喝水,猫还没有吃饲料,我家女主人就说人都没有照顾,老是讲到猫!这叫齐物论啊。因为我们是万物之灵,要替天行道照顾万物,猫不能照顾自己,人会照顾自己,不是我们不爱亲人,反而比较爱猫,而是因为猫不会照顾它自己。这个叫最高的人文心灵,上帝就是在那边,佛陀也在那边,真主也在那边,我们用无限的"心"先齐"物论",再去齐"物"。你齐"物论",人间就不会复杂,你齐"物",人物就不会有限,我们就可以"乘物以游心,托不得已以养中"。

虚而待物，活出自己

在承担的每一步放下，
承担才不会变成负累，也不会压迫别人。
心要虚，才能照物，
人我之间，心"虚"了，就会相互给出包容的空间。

救人等同灾人

《庄子·人间世》有一段寓言，写颜回跟孔子辞行，孔子问他你要去哪里，他说我要到卫国去救人，因为我是孔门弟子，孔门等同医门。而"医门多疾"，众多病人前来求诊，医师治病不就是柯文哲吗？柯文哲要救人，他要救台北市。颜回说老师教我们要治国平天下，现在卫国政局不稳定，我想去救人。孔子就答一句，你此去很难全身而退，因为想去救人的人，就有优越感，救人的人都会自视甚高，而被救的人相对显得很卑微，所以你要去救卫国，你一出发就得罪了卫国君臣上下的每一个人：我们国家靠你来救，那我们算什么？

所以，庄子说想去救人的人扮演的是"灾人"的角色。不要忘记喔，要救同学朋友，要救学生，或救什么社会的弱势族群，千万不要摆出一副救世主的姿态，你还没有救他，已经先得罪他了。因为你认定他很可怜，他活不好，他不能照顾自己，所以还没有救他之前，已经先伤害他。你既然伤害我、看不起我在先，为了跟你取得平衡，就要为自己平反，你说我数学考三十吗？我就说你语文只有二十，一定会有"人必反灾之"的反应。所以救人的人是带来灾难的人，而"灾人者"，人家一定以等同的灾难，回报到你的身上。

你一定要有道家智慧，很多人一讲话就出错，所以救人是灾人。救人反成灾人，最大的问题在人有形气物欲。我们对最爱的人，生最大的气，我们通过气来表现爱，气有气势，而气势最好不要太强，姿态不要太高。庄子的寓言故事，请孔子跟颜回来当主角，对话中流露出来的思想还是庄子自己的思想，不要读了《庄子》之后，去质疑

《论语》的说法。

跟他的"心"同在，跟他的"气"同行

孔子跟颜回说，你最大的问题是"未达人心""未达人气"。因为孔子问颜回你凭借什么要去救人，他就说，我"端而虚，勉而一"，或"内直，外曲与成而上比"，"虚""一"合乎道的性格，"端"跟"勉"则落在有心有为了。"内直"是单纯天真，"外曲"是委婉不伤人，"成而上比"是依古人教言，这样讲真话也不会得罪人，既内直又外曲，且成而上比。颜回一套一套地讲，孔子都说"恶可"，意谓还不可以，你这样讲，人家还是不能接受，因为你要说服卫国君王接受你的观点，改变他领导国家与对待人民的态度。

孔子告诉颜回，"未达人气"，是说你的气在他的气之外；"未达人心"，是说你的心在他的心之外。诸位，我们都要跟着儿女的感觉走，跟着学生的感觉走，或者是，跟着父母亲的感觉走，跟着老师的感觉走，你的气要跟他的气同行，你的心要跟他的心同在，心跟心连在一起叫贴心，那气跟气贴在一起叫体贴，我们既要体贴又要贴心，心同在、气同行。所有夫妻请记住我的话，永远跟对方的心同在，跟对方的气同行，这样叫"达"，他的事就是你的事，你的事就是他的

事，彼此没有分别，就不会对抗。你在他之外说他不对，那叫构成伤害。

一路陪伴，感同身受

依我在大学教书的经验，学生问我问题，不管是要不要考研究生的课业问题，还是男女交朋友的感情问题，我就请他坐下，他一说，我就回到我的大三大四，或者是我研究生的年代。那个时候的我，碰到这样的问题，是怎么走过来的。我不能教导他，我只能讲我过来人的经验，没有训话喔，他的苦就是我的苦。绝对不要他一说话你就加以批判，说你这个学生怎么头脑不清楚，或没有志气，不可以这样说。仅能感同身受，跟他的气同行，也跟他的心同在，他的困惑就是我的困惑，他的泪水就是我的泪水，让自己回到跟他同样的年龄，同样的感受，同样的处境，同样的艰难，这叫达人心、达人气。你未达，你在他的生命之外，在他的感觉之外，在他的心灵之外，所有的好意都变成坏意。

你一定要达，达就是一定要"无"掉自己。要在心上做功夫，叫"心斋"。颜回还开玩笑地说，那还不容易吗？我家很穷，何止三个月不知肉味，所以我很斋。孔子说那是吃素的斋，这边是心灵的斋，心灵做斋戒，就是心要虚。托不得已以养中，那个"中"是冲虚，心冲虚就是做心斋的功夫，心灵做斋戒，让心空出来，你没有心知的执着，没有人为的造作，你就会跟他的心同在，跟他的气同行。没有自己非怎么样不可的执着与造作，做父母、当老师怎么可以只管自己想要什么，而不为对方想。你不能发表宣言，或者昭告天下，说我已经决定要怎么做了。本来，人我相对，所有的事情当该两个人共同决定，结婚那天，最重要的誓言就是此后我们之间的任何事，由两个人共同决定，夫妻生儿育女，家里面的大小事，也共同承担。

我们家是公寓，没有电梯，我岳母住在我家，她一百零一岁，家在三楼，上下楼梯，老人家爬得很辛苦。我就想，该去找一间有电梯的大厦。探问的结果真的好贵啊，吾家"太座"问我意思如何，我说去问他们两个，也就是我家儿女。做妈妈的说钱是我们出的，干吗还问他们两个啊？我说他们两个将来住的时间比我们长，所以，理当两代共同决定。读了老庄之后，让我的法家性格逐步放开，我在高中时候的性向测验，是绝对的政治型，我现在跟政治却离得很远。人我之间，心"虚"了，就会相互给出包容的空间。

"道"是生成原理

王金平先生是我师大的同学，我们曾一起入选网球校队。马王政争的时候,他请我去他家,跟他的幕僚团、律师团讲话,我还是讲道家。他很有修养,他没有说一句生气的话,我是他的老同学,什么话都可以说,他却没有任何抱怨与责难。他只跟我讲一句,"马乀①就是这款人啦",马先生就是这样的人,他的行事风格就是这样,这句话藏有谅解跟包容。我肯定王先生,他真的很金很平;那我呢?我很邦很雄,但是英雄气已透过老庄化掉了。西螺七崁的武术志在保卫乡土,也就是儒家的治国、平天下,现在的我却只管我家那只猫,还有讲我的老庄,把老庄带给当代人。少有人会用四十年来解读一两部经典,我可以跟大家分享的心得是,在一生行程中拥有老庄的智慧,能面对人生所有的难题,人物有限的问题与人间复杂的问题。

　　症结在未达人心、未达人气,要如何达?心做斋戒的功夫,庄子说"虚而待物者也","待"你不要以为是对等的待喔,现代人都落在对待关系中,你对我好,我才对你好。庄子讲的"虚而待",就是无待,用"无待"来界定逍遥游,我可以不要名,不要利,你可以走开,你一走开,就没事了。有待就是被你一直痴心等待的那个情事物绑住,无待就是松绑,我回归我自己,就可以自在自得,我活在我自己叫自在,我活出我自己

---

① 语气词。——编者注

叫自得，也就是老子说的常道、常名，我走出我自己想走的道路，我活出我自己想要的内涵。人生最大的苦跟累就在等待，等待人家对我好，等待放假，等待退休，等到年华老去。人生的分分秒秒，你可以告诉自己，我不要了，我不等了，便立刻得救。

在"看"他的同时"生"他

深进一层说，"虚而待物"实则是虚而"生"物，镜子不是虚的吗？镜子没有自己才能照现人世间所有的人，还每一个人的本来面目。我们在人间街头，人家会用势利眼来鄙视我们，但镜子不会，永远还给我们公道公平，我在人间街头受了委屈，回到家里面照镜子，把失落的自己照现回来。所以虚而"待"物，等同虚而"照"物，观照的照，佛门讲观照，道家也讲观照，像镜子一样的看到，镜子"看到"人等同"生"那个人，镜子"看到"物等同"生"那个物。人间儿女永远在父母的眼神中获得重生、再生，爸爸妈妈眼神中闪现的爱，是一生幸福的最大保证。

所以爱不是用山盟海誓来保证，而是用你的心在"看"他的同时"生"他。情人眼里出西施，一切的言语都是多余的，双方的眼神一闪现，爱就在那里美好，爱就在那里永恒。不要有自我的执着，反而要放下自己，心要虚，才能照物，而"照"物就等同"生"物，在看到他的同时已"生"了他，情人朋友要对看，夫妻更要对看，不能老忙自己的事情，太太可就在你面前耶。有位画家告诉我，两夫妻一大早相对而坐用早餐，都用报纸遮住自己的脸，互相看不到对方。画家说，我不忍心让先生看到我的脸，因为我老了。我立刻补一句，他也老了，两个人一起在岁月中老去，所以说白头偕老，这也是很美好的人生风景啊！人怎么可能不老，大家一起老，老就不是问题，而是有没有互相看到对方，相知相惜，心中永远有你，眼中永远照现你。

"心"做斋戒功夫，活出无限与纯真

复杂可以单纯，有限可以无限，而整个寄望就在你的"心"，要养"生主"，要"心斋"。所以我认为道家的智慧可以陪我们走过现代的人间街头。在我的乡土，在我的国度，活出心灵的无限与生命的纯真，大家一起无限一起纯真。

以前在一所女中教书的时候，学生们到了高三，大家面对联考的压力，紧张气息弥漫在整个校园里面，因为最大的竞争对手都坐在自己的旁边。所以我就跟她们说，我们一起考上台湾大学，就不会把身边的同学看作是自己最大的威胁。

记得我还在博士班就读时，已经开始在台湾辅仁大学哲学系兼课了，方东美教授也在系上讲课，搭校车时我常陪老人家坐在一起，我听了他三年半的课，我上前两节，后两节就陪学生听他的课，因为我上的是台湾师范大学，一心想弥补我没有念台湾大学的不足。有一回跟方老师聊起来，他说联考都考不出程度，最好的学生不一定上台湾大学。我接他的话说，方老师，我喜欢联考考不准，因为这样好学生才会考进"中国文化大学"——我自己就是"中国文化大学"的硕士博士，且在哲学系担任教职，你知道我为什么这样说了吧，这就是齐物论精神的体现。我在台湾"中央大学"教书的时候，校长鼓励一些比较年轻、没有博士学位的老师去进修，有一位中文系的老师考上"中国文化大学"的博士班，他申请减课优待，校评会中就有人说："文化大学有什么好念的。"你知道台湾"中央大学"的教授大多是国外的博士，相对之下文化大学就被比下去了。座中有人插一句话："那王邦雄教授呢？"那个人就说不下去了，这叫化复杂为单纯。文化又怎么样？文化不是最根本的吗？我们还有文化主管部门耶！请你齐物论嘛，给每一个人空间嘛，不要让出身"中国文化大学"的学者就觉得自己像后段班一样矮了一截，看你怎么读嘛，这就是转有限而为无限。

把美好还给每一个人

  人生当下即是,所在皆是,任何时段,任何地点,任何处境,任何困局,只要我尽心用功就能给出自在的天空,把美好还给我们身边的每一个人,还给他们一个公道。他有权利好好过一生,活出他一生的美好,把美好还给百姓、儿女跟学生,让他们"然"从自己来,这叫"道法自然"。在道家"无"的智慧之外,也可以是儒家的理念、基督的教义、真主安拉的教义,或佛陀的教义。老庄的智慧,都呼应儒家的理想,我们有几千年的文化传统,我们的心一半是儒家,一半是道家,儒家要我们承担,道家教我们放下,我在承担的每一步放下,承担才不会变成负累,也不会压迫别人。解消执着与负累,体贴每一个人,也体谅我们自己。

在虚静观照中照现真实美好

透过太上老君的眼光来观看世界的真相,
这样的眼光,会让世界开阔、让人生豁达,
这样的眼光,会为我们开拓一条活出人生美好的道路。

与古圣先贤照面对话

借由阅读千古名著,我们可以回到两千多年前跟古圣先贤对话,是何等令人感动的事。当我们一边读《老子》《庄子》,一边用我们的生命体验去印证哲理,甚至跨越几千年的时光隧道与这些先贤照面,而有一精神的交会。有人说我们现今这个社会,人与人要面对面沟通尚且不易,又怎么能够跨越时空去跟前人感应、会通呢?

事实上那是因为我们欠缺共同的文化心灵,假定大家都讲《老子》《庄子》《荀子》《韩非子》,甚至读《论语》《孟子》《墨子》这些经典巨著,那么我想不管是台湾南北的差异、东西部的距离都会因此而缩小。只要能体现文化传统的"道",那么人与人之间、乡土乃至家国天下,都不会有那么大的距离和歧异。所以读古书不止可以拉近人跟人的距离,更可以突破时间的藩篱,借由读古人书、与古人对话,把古人的智慧带入今天的人间社会。

用经典的眼光"观"世界

不管是宗教信仰还是哲学思想,都有一种感动人、教化人的功能,可以深入每一个人的心中;也都一定会给我们一个"观",所谓的"观"就是"观看",站在一个观点、角度与立场去看。

事实上当我们去读《老子》《庄子》,就成为老子、庄子的追随者,去接受老子、庄子的教化,老庄跟儒家思想有一点分异,却是一样的经典,今天我们称孔夫子为"至圣先师",称老子为"太上老君",至圣对太上、先师对老君,都是最高的礼敬称呼,所以在我们的历史文化传统中,他们两位是同步并行的。在我们心中一半是儒家的理想,一半是道家的智慧,我们依据两大教的理想和智慧，开创几千年的历史文化，这在全世界是独一无二的。

所谓"观点"，或者说是"眼光"，你有没有那个眼光？一般时候我们会说：你戴着什么样的眼镜去看事情？那就是"有色眼镜"，或说是"灰色眼镜"。如果你戴着灰色的眼镜看人生，人生当然就变成灰色的；当我们戴着有色的眼镜来观看世界，因为视线经过眼镜的染色，它就不再是原来现象的自身。

"观"哲学的含义就是"观照"，老庄讲观照，佛陀也讲观照，而观照还有一种独特的民俗意义——"观落阴"。我以它为例，为"观"做一个简易的说明，就是这个"观"可以突破人我之间的藩篱和隔阂，甚至可以突破阴阳两界，通过这个"观"可以跨越阴阳两界去和过世的亲人说话。

心知执着，咫尺天涯；虚静观照，天涯咫尺

这个"观"简单来说就是"看到"，台湾地区有句话叫"有看没有到"，用眼睛看，而没有用心看的意思，看了却没有到，徒具形式而已。当我们每天在同一个屋檐下生活，儿女是否有真正看到年迈的双亲？先生是否有看到太太？家庭是人际关系的根本，这是儒家所说的"天伦"，父子家人、兄弟姐妹乃至夫妻、情人间，大家是否有互相看到对方呢？每

个人都怀抱着心事,每个人心有千千结,结缠得那么深,是因为相互没有看到对方,以至于产生误解。因为我们用了太多的心思在外面那个纷扰的世界,反而忽略了最重要的亲情,明明近在眼前,却仿若有道墙隔绝在彼此之间,最后咫尺成了天涯。

因此,道家的这个"观"、佛家的这个"观",都要先思索"咫尺天涯"这句话,距离我们最遥远的那个人,透过"观"也可以给出关怀。哪怕是全球性的灾难也一样,因为我们都有恻隐之心,不管他们是来自世界哪个角落,阿拉伯世界也好、中南美洲也罢,他们的灾难都是我们的伤痛,当我们得知的那一刻,都是感同身受,这正是因为"观"的妙用让天涯转成咫尺,不必经过任何中间的媒介,我们就可以直接看到了。

所以这个"观"就是给一个眼光,而且是非世俗眼光,不带有任何利害关系。我们对人间最大的批判就是"势利眼",以名利权势的眼光看人叫"势利眼"。"势利眼"破坏了亲情、友谊乃至道义,为了权势、为了名利去出卖朋友甚至亲人,这是人世间最叫人伤感的,所以现在事业有成的企业家、夫人,走向佛门,戴着师父的眼镜,通过证严法师、圣严法师的眼光看人生,就可以扭转原本狭隘的视野。因此当我们去读《老子》《庄子》,就是以太上老君跟南华真人的眼光去看世界,读《论语》《孟子》,就是通过孔子、孟子的眼光来看世界,这个世界必然不一样，这就是"世界观"；而用太上老君、至圣先师的眼光来看人生，那就是"人生观"。

观世音也观自在，就是世界观人生观

"世界观"与"人生观"是人生中最重要的两大观点，佛门的观世音就是世界观，观自在是人生观。我们生在天地间、人世间，怎么可以没有"世界观"与"人生观"呢？就好像我们和父母、兄弟、儿女生活在同一个屋檐下，怎么可以冷漠以对，不以真心看对方呢？当你活在这个世界却看不到世界，在人生的行旅中却看不见人生，那意味着你的人生出了大问题。所以不管是通过儒家、道家、佛教、基督教或伊斯兰教的各大教的经典阅读，当你依据《论语》《孟子》《老子》《庄子》《圣经》《古兰经》以及佛经等来解读人生，你就会拥有活出一生的"人生观"，用经典来看世界，你就会拥有关怀全球的"世界观"。

我对台南怀有很深的感情，因为我人生最重要、最美好的青年阶段就是在台南度过的。我认为台湾文化古迹中最重要的就是孔庙，很多人常常会抱着一种想法："有空时我再去走走。"通常抱着这个想法的人，永远不会进入孔庙。我曾在台南师范学校就学，还是第一届的南师杰出校友，因此对台南这块土地格外有认同感，当时是1959年，转眼一过就半世纪了。年轻时我怀抱着青春浪漫的情思，就在台南逐梦，曾在报纸上写过一篇《走回心灵的乡土》的文章，青春情怀、锦绣年华，无限的想望与无限的愿景都在那时展开。所以在那个时代，我们年轻人是有"观"的，对于未来远景充满了想望，现在的年轻朋友都失去了理想，他们过度提早世俗化，失去了最基本的梦想，没有了世界观与人生观，他们以为只要上网什么都可以看到，其实是什么都看不到，真的是有看没有到。

用天眼道眼看世界

我们今天讲的"观"，不是用肉眼来看世界。透过肉眼来看世界，难免会过于短视、失去深谋远虑；而用心眼看世界则会容易流于小心眼、死心眼，加起来就是势利眼，会把世界看小了，把人生看死了。所以肉眼去看世界会有误差，用心眼看世界则会有势利眼，导致中年危机、婚姻危机、家庭危机，要避免中年危机、婚姻危机、家庭危机，我们要用天眼看世界，这样才能保住天伦，避免一家人离散。因此今天我们要讲"观"，道家的"观"、哲学家的"观"、宗教家的"观"，透过至圣先师的眼光、透过太上老君的眼光来观看世界的真相，做一个世界中的真人，真人无心自在，在虚静观照中照现人生的真情，与人间的真相。

当我们去医院育婴室看那些初生的婴孩，他们脸上的神情流露天真，也充满了希望。人生有希望，这个世界是美好的，那为什么成长会失去一切？我们在人生的路上开始不讲真话、隐藏真情，以为讲真话、流露真情会成为自己的弱点，我们要保护自己不让对方知道我们的真心，甚至在情人间、夫妻间也是一样，我们怯于把我们内在的爱跟对方表白，好像我们一表白爱就把自己置于挫败之地；明明爱是荣耀、爱是美好，从何时起爱变得如此的曲折乃至最终流失？每个人心中都有情爱，为了不受到伤害，所以我们不爱。

透过"观"把失落的真情找回来

但这个世界没有了爱就荒寂一片，人生没有了爱就失去了内涵，所以我们透过"观"，把世界、人生中失落的真相真情直接观照回来，不经过其他媒介，也没有利害关系，为人夫直接看见了妻子，为人父母也真正看见了子女，不再是只看见他们的成绩与排名。

年轻时候我从师范毕业后在家乡小学教书，师大毕业又回家乡中学教书，每次考完试发放考卷时，我都根据成绩高下作为考卷发放顺序，发放到最后几位学生的考卷，就直接丢在地上叫他们自己捡。那时我还没有读老庄,也没有用心读孔孟,所以欠缺一个"观",完全用分数来评量学生。在这个人世间,父母亲希望儿女超越他,老师希望学生超越他,而他们是儿女与学生在这个世界上最亲近的人,却连这两个地方都得不到肯定,你叫学生与儿女如何不失落自我,如何能保有天真?所以我们要把观照的眼光找回来,把来自几千年文化传统的经典找回来,把流露真情的眼光找回来,让假的变成真的,让天涯变成咫尺,把失落的世界与人生找回来,这个就要透过"观"。

"观"就是观照,"照"就是照现,一眼就能看见,用至圣先师的天眼、用太上老君的道眼看人间,就能直接看见。所以我们要解读人生,首先就要能"看见",而透过这样的眼光,会让世界开阔、让人生豁达,而这样的眼光,就会为我们开拓一条活出美好人生的道路。

在自在自得间"然"自己

我们人生在世间,都在寻找、活出属于自我的"然",
"然"就是我的"对"、我的"好"、我的"是",
我们的"然",必得先"行之有成",
才会在人家的"谓之"中得然。

物在道中,行之得然

所谓"道",包括孔子的道、基督的道、佛陀的道、老子的道,还有真主安拉的道,所谓"人间五大教",透过他们的道眼,开阔我们的心胸,活出人生的美好。而人生的路千百条,你要走哪一条?当然是合理的路,这就是长久以来我们所谓的"道理",这条道路要让每个人的一生都过得合理,也就是公平地对每一个人,我们又称之为"道义"。

包括我们对人家的爱,也要公平,必须要得到对方的认同,若没有得到对方的认同,那这样的爱是不成立的。换句话说,我们的爱在人间跟他人相遇,得到了双方的认同和接受,这样的爱才真正成立。因为爱不能专制独断。

我现在引用《庄子》一句话来说:"道行之而成;物谓之而然。"我们可以花几十年让自己成为各行各业的专家,甚至是被称为玩家也无妨,重要的是你有没有花几十年的时间让自己沉浸其中,强化自己的功力,如研究孔孟、老庄的学者可以称为专家,那么为什么还要引经据典呢?因为这些经典是几千年的文化心灵,个人的理论观点只是自家受用,不足为外人道,而经典则是值得每一个思想家用心去研读、思考,穿越时空并与之对话的,所以我所引的这句话,人人都可以引用研读,并相互交流会通。

年轻人要把自己的理想性与生命力展现出来,所以说要先"行之",这样大家看到了才会"谓之",正是因为你"行之"有成,才会在人家的"谓之"中得然。

人是万物之一,又是万物之灵

从前我们看布袋戏《云州大儒侠》,常有一个桥段是主角史艳文出场时，对方问说："来者可是大名鼎鼎的史艳文？"史艳文总是回答："然也。"这个"然"，就是怪老子老挂在口头上"大家都这样讲"的"然"。

我们人生在世间，都在寻找、活出属于自我的"然"，"然"就是我的"对"、我的"好"、我的"是"，当某个得意的时刻来临，我们可以坦然地说："就是我。"我们希望获得父母师长对我们的肯定、同侪对我们的认同，这就是"然"，但我们的"然"，必得先"行之有成"，人家才会"谓之"而得"然"。

我们是万物之一，同时也是万物之灵，这个"灵"就是心灵，这个"灵"就是让我们心中有一个道，生命永恒向往的"道"。

万物之"灵"在体现天道中替天行道

既然人类身为万物之灵，这个"灵"就是让我们成为地球的主人，今时不同旧日，我们当地球的主人不是要去狩猎，把世界万物都视为我们的猎物，而是要保护地球的生态环境、保护地球上的稀有动物，我们的"灵"等同上帝，我们的"灵"等同佛陀，我们的"灵"就是天道，就是天理，我们以我们的"灵"体现天道、天理，体现基督的爱、佛陀的慈悲来保护地球，而且让万物不会在地球上消失。

如今这个世界不该再是西方主导东方、强国压制弱国,因为地球只有一个,当全世界的人在读《论语》、全世界的人在读《老子》,经典的价值当该普世化,那它就可以为万物的存在找到一条合理的路。未来世界的纷扰争端可能是宗教引发,基督与真主的爱不就是要爱护全球人类吗?结果我们却以上帝之名来发动战争。这个难题可能要我们儒家、道家加上佛教才能作为二者间的桥梁,从对话中化解。中国要能崛起,它的号召力在哪里?就在于我们有能力去化解国际间可能的纷扰,甚至是毁灭性的战争。

"道"给万物一个家

阅读经典不仅是为了自家生命的安顿,而且是要为全人类的未来、为万物的存在找到一条路,使大家可以和谐共处。我们常说"天灵灵、地灵灵",事实上天的"灵"跟大地的"灵"是靠人类的觉醒才会显发天地的"灵"光,没有人类这个媒介,就只能叫天不应叫地不灵了。俗话说:"天公地道。"公理和正义也是要靠人类的担当才能显发出来。所以我们说人类这个万物之灵要为万物的存在找到一条合理的路,那就是"道",万物都要活在这个"道"里面。孔子给我们的一个"道"就在《论语》这部经典中,我们好好地读《论语》《孟子》,就会形成一个世界观和人生观，我们用儒家的道理来活出美好的人生，用心中的爱来"仁民""爱物"，来爱这个世界，这个"道"就是合理地解释万物的存在，就是给天地万物一个家，让天地万物都有家可归。

无家可归是人间最悲哀的事。所以我们要行的"道"，就是让每一个人都找到一个家，让他有家可以归去，甚至是已经过世的人，我们的人道关怀也要给过世的人一个家、一个世界，所以我喜欢台湾礼俗中的说法："过世的亲人会到另一个世界去。"我们因而得以承受年迈的父母亲因衰老而离开我们，因为他们只是到了另一个世界，他日我们也会去那儿跟他们重聚。所谓的"阳世与阴间"，这样的说法充满人情的美好，不会让一个即将离开人世的人内心惶惶不安，不知道此去落脚何处？因为"黄泉无客店，今夜宿谁家"？漫漫长夜、茫茫天涯路，你让他一缕孤魂上路，要寄身何方？纵然说人世生死两茫茫，阴阳永隔不复见，但他终究是我们最爱的亲人，所以"道"就是为每一个人都找到一个家，不要让任何人无家可归，包括已经过世的人，这就是所谓的"道"。

"道"行之而有成，"物"谓之而得然

而"物"要在"道"里面，若"物"不在"道"里面，那

它就什么都不是。任何一个人来到世间都有活下去的权利，这是基本人权，中国要崛起就要靠"道"，经济竞争力和军备战力都还在其次，要靠文化传统的经典，彰显中国的尊严与荣耀。要能够立足中国、放眼世界，才能照现人间美好。你先"行之"，人家就会"谓之"，"行之"就是实践，"谓之"就是他人对你的评价，历史自有定论，社会自有公断，只要你是对的一方，或许一时无法被他人理解，真相终有大白之日，你这个人"行之"而有"成"，就会在人家的"谓之"而得"然"，所谓的尊严与荣耀由此而显现。

人生的第一件大事是"在"，人要存在于人间。我们来到这个世界上是父母生的，也是在父母的爱、兄弟姐妹的爱中受到保护而走向成长，当我们因天上的惊雷而不安时，爸爸妈妈抚慰我们不要惊惶，这个安全感让我们得以存活长成。第二件大事是"得"，"得"是得到或值得，也就是人生的成就感。

我们的"在"是在家庭中的爱，奠定了我们的安全感，而"得"是从学校教导我们追寻价值的成就感，这两者加起来就是"然"，"在"加上"得"等于"然"，所以我们可以看出人生要有尊严，活着要有荣耀，尊严跟荣耀是最重要的。

从家庭来到学校，从"在"到"得"，以这两者为根基走出社会，在社会中工作、付出，这就是我们的"然"。人生要的就是这个"然"，你要有成，必须透过实践，实践"道"，就要合理、要人道关怀、为万物找到一个家,我们在社会中当义工、当志愿者,就是一种人道救援,就是要让万物不会无家可归。那么我们加入这个行列去实践,就会得到应有的肯定,这个评价就是"谓之"。

道法自然,然从自己来

《庄子·齐物论》有云:"道行之而成;物谓之而然。"我用这两句话来解释人生。我们读经典不是只要把经典中的内容背下来就可以了,要能通透、活用,在人生的重要关头,用这样两句话去合理解释或传达出一种普世化的价值理念。这两句话很简单,由行之的"道"而最后归结"物"的"然",人生的价值意义就在这里,为你所爱的人,为你所在意的事去付出,而当该如是,这就是我一生的"然"。而道家最重要的智慧就在,这个"然"要从何处来。老子说:"道法自然。"这个"自然"不是研究自然现象的自然科学,自然科学的"理"是物理化学的理、天文地理的理,老子讲的"道法自然"意思是道的本身就是"自然",什么是"自然"?字面上讲是自己如此,哲理解释是"然"从"自身"来。

我们一生活出的美好,都是源于自己的成长,自己的用心与自己的投入和付出,所有的美好都是一分耕耘一分收获,所有的福报都是从自己的德行而来，这才是自家真正的亮丽跟光彩。

超离自困自苦的有待，走向自在自得的无待

相对于"自然"，我们称之为"他然"，意谓"然"从外在来。人生在世不能投靠攀缘，包括婚姻和情爱，每个人都是一个独立的个体，都有独当一面的人格，就因为我们的人格充满自信，才能坦然接受他人的爱。事实上接受他人的好意，也是一种有待考验的能力，少了自信，生命就会成为他然，而落在自困自苦中。"自然"是心的自我期许，我们心中有道就是自然，秉持着"然从自己来"的人，我们可以跟人家有情爱婚姻、有友谊道义，也不会动摇自己的人格而成为他然。一个有独立人格的人，"然"从自己来，与他人交往可以放松自在，可以让一生有开阔的天空。

在道家思考中，"自在""自得"等于自然，我的"在"是我自己"在"，我的"得"是我自己"得"，我的"然"从自身来，此一心灵的成长，使得我们有独立的人格，可以给彼此一个开阔的空间。相对于"自在"，我们称之为"他在"，这是一种自困；相对于"自得"，我们称之为"他得"，也就是一种自苦。当你的"在"是别人让你"在"，你的"得"是别人给你

"得",你的"然"也是别人赋予的"然",也就是一种由"他在"加上"他得"而有的"他然",这种情形就是一种失去自主的自困和自苦,一生会无所适从而没有保障,任何的意外和偶然都会造成一种冲击而让自己无力回应,所以要找到自在、自得的心,就是道家"道法自然"的生成原理。

人生的道路在哪里?人生的道路就在我们的"然",要从自身来。父母带儿女,就是期望有一天父母不在时他们可以自己照顾自己;师长教导学生,就是希望当学生离开了校园,没有老师在身边时他们可以自我成长,走出自己的路。

用自家的"真"活出一生的美好

道家给出的人生智慧,就在告诉自己"我可以不要",
当你可以不要时,就可以海阔天空,
就可以自在自得,走出一条"然"从自己来的路。

认命运命做自己

《庄子·养生主》说:"吾生也有涯,而知也无涯。"这是人的存在处境,即此生有限;而百年大限,这就是命。

两个人原本是萍水相逢,如何当一对百年夫妻?维系夫妻之缘就是靠对儿女的疼爱,儿女就是父母的命运共同体,为疼爱儿女而尽心维系夫妻的情感,对我来说叫作"不看僧面看佛面",几十年的夫妻朝夕相对难免相看两厌,生活本身就在家居日常，家居日常分分秒秒都是考验，家事做不完，儿女常绕身边，堪称没完没了。从人物来看，我只是我，不可能做成别人，你可以读伟人传记，但你仍然要做你自己。人生的路只有一条，就是"做我自己"。要"做我自己"就是要认长相是命，才气也是命，认命是认人物的特殊性，而儿女却可以代表我们再活一生，这是"命"的延续与突破。所以不要老看夫妻的僧面，要多看儿女的佛面。

"认"命，首在认身高、体重跟长相，对我来说最敏感的事就是我的身高，认命之后再"运命"。我在南师的时候是乒乓球和网球的校队，最适合我的运动就是两个人分两边的竞技，因为身高受限，自我评估最宜于展开身手的就是乒乓球场和网球场，我人生重大的突破就在我也可以当运动健将。从才气来说，高中时因为我喜欢文学和思考，所以大学就读了中文系，研究生念了哲学系，尽管当时很冷门，但三十年风水轮流转，冷门变成了热门，当年没什么人要读中文系，到了今天读中文系的人就成了稀有动物而受到保护，所以说天生命定，而命却可随运而转。

他在他得的困局

"吾生也有涯"，"有涯"即是"命"；"而知也无涯"的"知"

是"心知"。老庄的"知"不要用现代的认知去理解，它不是我们读书的知识，"知也无涯"是说心中的执着太多，且一直在变化与成长中，最世俗的说法就是"你想要的太多"。此生有限，我只是我，所以我们被迫走上人间街头去结交朋友，结交朋友原本是为了分享美好，通过交朋友来增长自己、丰富自己、提升自己，让友朋的美好都变成我的美好，就可以活出幸福的人生。

人间街头什么都有，我们就什么都想要，而天下人也一样想要，朋友之间很可能就是竞争的对手，人我之间可能过度竞争，而压力太大，所以"知也无涯"，人物走在人间的人生路，就此落在"他在""他得"的困局中，也注定了"他然"的命运，为了追求天下的名利权势而失落自我，甚至流落天涯。

从他然回归自然

从生命自身来说，就是自困、自苦，我要名、要利、要权势，而这个执着就会形成一生最大的困苦。举例来说，我们从小就被要求要考第一名，这个"考第一名"就变成我们一生最大的符咒而解脱不了，若是我们早一点读老庄，就可以从"自困自苦"走向"自在自得"，找回自我，从"他然"走回"自然"，你的世界将因此而完全翻转，你的人生也将从此完全改观,你可以把你所失落的自我呼唤回来,重新找回属于自己的人生美好。

"此生有涯",而你心中的想望却是无穷无尽,而人生就是"以有涯随无涯"的一段行程,在短短几十年间去追求心中不断增长的想望,庄子给出"殆已"的结局论定!"殆"是毁坏的意思,这是"存在的困局"。存在的处境是此生人物有限与人间复杂,我们唯有通过处境去找出路,而"以有涯随无涯",难逃"殆已"的终局!因为我们心中想要的太多了。此生有限,一天当两天用,一个人当两个人用,自己受不了,当然难以长久,所以"殆已"的第一个意思是"不可能的任务"。

一个放下的人,更能成全自己

我们应该要学习告诉自己"我可以不要",我可以不要名也不要利,我不要我儿女为了我去考第一名,我给孩子空间,不要靠他们考第一名来荣耀我,他只要做自己就好了,只要好好地读书、好好地成长就够了!不然孩子的一生都会被第一名困住而受苦,当你放下"考第一名"的执着时,他反而自在自得地考了第一名,一个放下的人,更能成全自己。所以"殆已"在"不可能的任务"之外;第二个更深层意思是"不值得的追逐"。人生尽管有百年大限,但在百年中的每一分每一秒,对我这个人的生命本身来说，它都是真实的。

　　看见人间街头什么都有，会激起什么都想要的痴迷狂热，问题在它是假的，如幻如化，三两年也就被人忘却。我认命地做我自己，我自在也自得，我才有空间闲情跟我的亲人、朋友、乡里相处，展现互发的光亮，我的自在跟他人的自在在人间碰面，我的自得跟他人的自得在人间遇合，我的自然跟他人的自然在人间交会，这才会有美好的情爱婚姻、美好的友谊道义。倘若困在"他然"中，人与人的关系就会变成过度的紧张复杂，由猜疑而走向对抗，且只问目的，而不择手段，人人由此而堕落沉沦。我因为自在、自得、自然，跟人间社会、跟家人朋友因而拥有了更开阔的空间，让我的"真"跟他人的"真"照面，而非大家假借人间社会中名利、权势的"假"相互利用，出卖家人，也伤害朋友，因为人间的排名都是假的。人世间最大的悲剧就是以真换假，再以假乱真，到了最后，人物扭曲，万物变形，连当下现前的生命真实，人家也不相信，堪称人间价值的全面崩解。

走出自己的人生道路，活出自己的生命内涵

　　"以有涯随无涯，殆已！"这个"殆"就是坏掉了，"真"沉堕而为"假"，人生苦短，怎么可以让真的变成假的？所以我

们要捍卫自己的真,不让它成为假的。从老子的话来说,就是"人人走出自己想走的道路,人人活出自己想要的内涵"。这就是老子开宗明义所标举的"常道常名",而非人间街头的"可道可名",那是"别人要你走的路、别人要你活的内涵"。这个"可道可名"就是他在、他得与他然,而老子对显而出的"常道常名",就是自在、自得与自然。

一个理想的社会,老子做这样的描述:"百姓皆谓我自然。"真正的民主、真正的人权、真正的法治所保障的人生美好,不是政府好,是人民好,政治的重心不在于政治领导人,而在于广大的人民,就像我们当老师最大的使命是陪着学生成长。一所大学中真正的主人是学生,不是教授,教授陪着学生走在大一到大四、研一到研二,甚至博士班的成长路上,学生才是真正的主角。所以生命中的"然"是学生自己"然"出来,这才是好的大学校长、好的大学教授。如何让民间的好出得来,才是管理者的首要思考。而我们的家庭也是一样,父母亲要让儿女活出自己的"然",不要只看他们是否有一张亮丽的成绩单。

跟大家分享一句话,道家给出的人生智慧,就在告诉自己"我可以不要",当你可以不要时,就可以海阔天空,就可以自在自得,走出一条然从自己来的路。在"百姓皆谓我自然"(《老子》十七章)的政治智慧之外,生态环保讲"辅万物之自然而不敢为"(《老子》六十四章），就是要让万物回归自己，而非用人为来干扰破坏自然生态，迫使万物无家可归。人应该以万物之灵的身份去辅助、陪伴万物，保有它们的自然和美好。这样的话，不只是万物有家可归，人也可以活出他自己的价值，这正是以道家的智慧，来实现儒家"亲亲""仁民""爱物"的理想，这才是人生应该走的道路！

"有""无"的生命智慧

儒家仁义道德的"有",
一定要有道家"无"的智慧,
在放下中成全,你的"有"才可能"有"出来,
你的正面才不会带出自己的反面。

绝弃的智慧,在放下中成全

独尊儒术是汉武帝开端,汉武帝之前有文景之治,文景之治是黄老治术,黄老治术就是通过道家来治理天下,是无为而治。因为经过春秋战国的长期战乱,天下百姓急需休养生息,所以通过老庄,人无为而自然无不为的无为而治,来厚植国力。到了汉武帝时期,在长期的休养生息中,天下百

姓活回来了，面对匈奴的威胁，他开塞出击，绝漠远征，才有大汉王朝的历史荣光与开疆拓土的功业。若仅是老庄的无为，不太可能开拓出大汉盛世，因为儒家讲圣智仁义，老子讲绝圣弃智与绝仁弃义，不是要反对圣智仁义，老庄提醒儒家，你的仁义礼智要有我老庄绝弃的智慧，在放下中成全，才可能以正面的姿态出现，才不会给天下人太多的压力，自己也不会承受那么重的负累。

因此，通过老庄，儒家才可能保住你原来的理想，王弼《老子微旨例略》说得好，"绝圣而后圣功全"，绝圣你反而可以保住你的圣功，"弃仁而后仁德厚"，弃仁反而可以让你的仁德更深厚。所以"绝弃"就是"化解"的意思，不要执着你是圣人智者，不要执着你是仁义的化身，意思就是说，不要老觉得你自己是对的，不管我们多对，你一定要放下你的对，人家才愿意接受，才愿意承认，你老认为只有我对，人家冲着你这个姿态，他会反你的对。

所有正面的存在会带出它自己的反面

所以，依我的理解，儒家的背后一定要有道家，道家的前头一定会有儒家，儒家比较阳刚，它讲爱，讲天理良心，讲理想，讲情义，它有开创性。但所有正面的存在会带出它自己的反面。你给自己太大的负累,给朋友太大的压力,会带出反感与抗拒。你要有道家的智慧来化解阳光拖带出来的阴影,化解阴影,阳光才会透显光明与温暖,不然阳光会被阴影遮住。人间价值二分,正面跟反面之间会相互抵消彼此抹杀。历史不可能重来,很难想象假定没有独尊儒术,而由道家一路引领过来,历朝历代会不会更好?不过我还是认为,我讲的老庄的每一句话前头都有孔孟,就像老子讲的"道"体同时是"无",同时是"有",才叫"玄"嘛,那么老子专讲那个"无","有"的分位让给儒家去说,儒家你仁义道德的"有",一定要有我道家"无"的智慧,你的"有"才可能"有"出来,你的正面才不会带出自己的反面,在自我异化中自我否定。通过道家的智慧,你人生的美好才可能长久。

孔孟之正面理想的开拓,背后都有老庄智慧的支持

《老子》第三十八章有一句很关键性的话:"上德不德,是以有德。"不以德为德的人,反而有德,放下自己的德,解消自己的德,忘记自己的好,放下自己的好,你的德才是真正的德,你的好才是真正的好。你没有放下、没有解消,你的德、你的好,终究成为家人跟朋友的压力,他受不了你,就是你太好了。或许很多人都会说,竞争不公平,好心没有好报,我明

明成绩比较好，明明我比较有成就，为什么人家用另外一个人而不用我？那很可能就是你少了老庄的智慧。

　　我不是为人间不公不义找合理化的解释，我只是说要有自我的反省，人间是有很多的不公平，但是我们要做的就是希望所有孔孟的正面的开拓，背后都有老庄的智慧。我考第一名，但是我要放下我的第一名，你才是真正的第一名。假定说我一定要第一名，且是永远的第一名，那你落在"下德不失德，是以无德"的反作用中，你执着德，唯恐失去，每天担惊受怕，反而失落你本来的德。道家并不反对我们得第一名，而是你要无心自然的得，第一名才不会成为自己的负累，且不会成为别人的压力，不要让自己受不了，也不要让别人反感，让人家可以正面的肯定你得第一名是理所当然的事情，这叫赢得尊敬。你打败别人比较容易，赢得对方的尊敬比较难，而这个智慧就在放下中成全，不仅保有德，还更上层楼，是让别人尊敬的"上德"。

　　这两年来，我忙着写我的老庄，都没有去开台湾高中"中国文化基本教材课程纲要"的讨论会，所以没有机会表达我的观点。孔孟比较贴近人生，但我认为不能够只讲孔孟，而不讲老庄，不过可以不读学庸①，因为学庸太理论性，太深奥隐微了。

---

① 指《大学》《中庸》。——编者注

让孔孟与老庄并行于当代，因为我们几千年的文化传统，既有正面开拓的儒家，又有真切反思的道家，太上老君跟至圣先师，千古同步，我认为这是我们的殊胜。

儒道并行，天下人民一起得救

儒家跟基督教和伊斯兰教精神相近，我们的道家跟佛教精神相近。他们只有一面，我们却两面兼而有之，何况我们又把佛教吸纳进来，变成儒道佛三大教——明代已走向三教合一。今天有朋友讲五教合一，正是"吾道一以贯之"。我们不必讲五教一贯，我们儒家跟道家并行就好，我现在不只讲孔孟老庄，我还讲荀韩。所有的智慧，所有的理想，要通过客观化来保证、来实践，不要考验每一个人的道德修养与生命高度，我们要有一套制度来让每一个人物好好地走入人间群体，在结构中运作，在价值规范中发挥才学。通过政治体制，让天下人民一起得救。

因为人生的存在处境，成长路上备感艰辛，觉得既苦又累，也不一定是我自己的苦，看看父母的苦、太太的苦或儿女的苦、友朋学生的苦，这些都会让我们逐步的由体验而走向体悟。我的博士论文写的是韩非，跟几位好友创刊《鹅湖》是讲儒家，这几十年在大学与民间大多讲老庄，一方面儒学传统的价值观之下，人生太苦了，可由老庄的智慧来化解，就算我们有正面的志业开创，也需要道家的虚静智慧来支持，因为能够化解，且可以放下，才能长久；很悲壮、很委屈的人不可能长久。所以一定要避开委屈感与悲壮感，不要先生悲壮、太太委屈，父母悲壮、儿女委屈，那就很难和解。所以道家的智慧就让我们不会逼向委屈跟悲壮的困局，因为委屈、悲壮的下一步是决绝。

彼此放下，互相给出空间

所以大家放下就给自己空间，给我们的亲人空间，我真切地感受到现代人生的困苦，在深切的体验之外，还有观察周遭人群的苦闷，我感同身受，因为身为学者讲经典，一定要面对现代，还有面对生活，让我自己对经典的现代解读比较真切深刻，不然的话，都只在字面上求解，讲得通就好，实则"道"是生成原理，要解消人物的有限，与人间的复杂，才能生成自己的一生。

今天我们解读《庄子》，是很可能越过庄子自己，因为我们经历了庄子所不知的朝代更迭与现代变局，而这是在庄子的生命之外。《庄子》经典跨越千古到了今天，每一个世代都能够给出合理而贴切的解释。刚读《庄子》，文字理解成了最大的难题，熟读精读之后，总有那么一天，你会读懂它的理路架构，突然间豁然开朗，不再盲昧了，天光下落，天的光下落在我们的性命里面，就像孔子说的"乐以忘忧"，不是"乐趣"，而是成就感的生命美好。那样的成就感，那样的美好，就让我们放下人生路上所有人物有限性跟人间复杂性的失落感与挫折感。

通过经典进行生命对话

归结一句话，读经典是值得的，人人身上一部经典，带给我们世界观、人生观，你一定要看到世界、看到人生，不然的话，你就在这个世界过你的人生，既没有看到世界，又没有看到人生，那人生路怎么走？

而人物走在人间，人物的问题在哪里？人间的问题在哪里？解决的关键在哪里？就在最高层次的人文心灵。所以大学里面的人文学科很重要，尽管它不是热门，哲学系、中文系、历史系、艺术系、音乐系，这些人文学科看起来好像跟实用距离很远，但是，人生的好不好，由它决定，人生活得好不好不是由自然科学决定，不是由社会科学决定，而是由主导人生走向、开发生命动力、感受一生美好的人文心灵决定。经典穿越千古，每一世代的人都读，成为文化传统中的价值依据与行为模式。通过经典可以进行生命的对话，在相知相惜中，而有互发的光亮。

附录　寓言原典

材与不材

庄子行于山中，见大木，枝叶盛茂。伐木者止其旁而不取也。问其故，曰："无所可用。"庄子曰："此木以不材得终其天年。"

夫子出于山，舍于故人之家。故人喜，命竖子杀雁而烹之。竖子请曰："其一能鸣，其一不能鸣，请奚杀？"主人曰："杀不能鸣者。"

明日，弟子问于庄子曰："昨日山中之木，以不材得终其天年；今主人之雁，以不材死。先生将何处？"

庄子笑曰："周将处乎材与不材之间。材与不材之间，似之而非也，故未免乎累。若夫乘道德而浮游则不然，无誉无訾，一龙一蛇，与时俱化，而无肯专为。一上一下，以和为量，浮游乎万物之祖。物物而不物于物，则胡可得而累邪！此神农、黄帝之法则也。若夫万物之情，人伦之传，则不然：合则离，成则毁，廉则挫，尊则议，有为则亏，贤则谋，不肖则欺。胡可得而必乎哉！悲夫，弟子志之，其唯道德之乡乎！"

——《庄子·外篇·山木》

罔两问景

罔两问景曰："曩子行，今子止；曩子坐，今子起；何其无特操与？"景曰："吾有待而然者邪？吾所待又有待而然者邪？吾待蛇蚹蜩翼邪？恶识所以然！恶识所以不然！"

——《庄子·内篇·齐物论》

濠梁之辩

庄子与惠子游于濠梁之上。庄子曰："鲦鱼出游从容，是鱼乐也。"惠子曰："子非鱼，安知鱼之乐？"庄子曰："子非我，安知我不知鱼之乐？"惠子曰："我非子，固不知子矣；子固非鱼也，子之不知鱼之乐，全矣。"庄子曰："请循其本。子曰'女安知鱼乐'云者，既已知吾知之而问我，我知之濠上也。"

——《庄子·外篇·秋水》

庖丁解牛

庖丁为文惠君解牛，手之所触，肩之所倚，足之所履，膝之所踦，砉然向然，奏刀騞然，莫不中音。合于桑林之舞，乃中经首之会。

文惠君曰："嘻，善哉！技盖至此乎？"

庖丁释刀对曰："臣之所好者道也，进乎技矣。始臣之解牛之时，所见无非牛者；三年之后，未尝见全牛也；方今之时，臣以神遇而不以目视，官知止而神欲行。依乎天理，批大郤，导大窾，因其固然。技经肯綮之未尝，而况大軱乎！

"良庖岁更刀，割也；族庖月更刀，折也。今臣之刀十九年矣，所解数千牛矣，而刀刃若新发于硎。彼节者有间，而刀刃者无厚；以无厚入有间，恢恢乎其于游刃必有余地矣，是以十九年而刀刃若新发于硎。虽然，每至于族，吾见其难为，怵然为戒，视为止，行为迟。动刀甚微，謋然已解，如土委地。提刀而立，为之四顾，为之踌躇满志，善刀而藏之。"

文惠君曰："善哉！吾闻庖丁之言，得养生焉。"

——《庄子·内篇·养生主》

庄周梦蝶

昔者庄周梦为胡蝶,栩栩然胡蝶也,自喻适志与!不知周也。俄然觉,则蘧蘧然周也。不知周之梦为胡蝶与,胡蝶之梦为周与?周与胡蝶,则必有分矣。此之谓物化。

——《庄子·内篇·齐物论》

神巫季咸

郑有神巫曰季咸,知人之死生存亡,祸福寿夭,期以岁月旬日,若神。郑人见之,皆弃而走。列子见之而心醉,归,以告壶子,曰:"始吾以夫子之道为至矣,则又有至焉者矣。"壶子曰:"吾与汝既其文,未既其实,而固得道与?众雌而无雄,而又奚卵焉!而以道与世亢,必信,夫故使人得而相汝。尝试与来,以予示之。"

明日,列子与之见壶子。出而谓列子曰:"嘻!子之先生死矣!弗活矣!不以旬数矣!吾见怪焉,见湿灰焉。"列子入,泣涕沾襟以告壶子。壶子曰:"乡吾示之以地文,萌乎不震不正。是殆见吾杜德机也。尝又与来。"

明日,又与之见壶子。出而谓列子曰:"幸矣!子之先生遇我也!有瘳矣,全然有生矣!吾见其杜权矣!"列子入,以告壶子。壶子曰:"乡吾示之以天壤,名实不入,而机发于踵。是殆见吾善者机也。尝又与来。"

明日,又与之见壶子。出而谓列子曰:"子之先生不齐,吾无得而相焉。试齐,且复相之。"列子入,以告壶子。壶子曰:"吾乡示之以太冲莫胜。是殆见吾衡气机也。鲵桓之审为渊,止水之审为渊,流水之审为渊。渊有九名,此处三焉。尝又与来。"

明日,又与之见壶子。立未定,自失而走。壶子曰:"追之!"列子追之不及。反,以报壶子曰:"已灭矣,已失矣,吾弗及已。"壶子曰:"乡吾示之以未始出吾宗。吾与之虚而委蛇,不知其谁何,因以为弟靡,因以为波随,故逃也。"然后列子自以为未始学而归,三年不出。为其妻爨,食豕如食人。于事无与亲,雕琢复朴,块然独以其形立。纷而封戎,一以是终。

——《庄子·内篇·应帝王》

浑沌之死

南海之帝为儵,北海之帝为忽,中央之帝为浑沌。儵与忽时相与遇于浑沌之地,浑沌待之甚善。儵与忽谋报浑沌之德,曰:"人皆有七窍以视听食息,此独无有,尝试凿之。"日凿一窍,七日而浑沌死。

——《庄子·内篇·应帝王》

踵见仲尼

鲁有兀者叔山无趾,踵见仲尼。仲尼曰:"子不谨,前既犯患若是矣。虽今来,何及矣!"无趾曰:"吾唯不知务而轻用吾身,吾是以亡足。今吾来也,犹有尊足者存,吾是以务全之也。夫天无不覆,地无不载,吾以夫子为天地,安知夫子之犹若是也!"孔子曰:"丘则陋矣。夫子胡不入乎,请讲以所闻!"无趾出。孔子曰:"弟子勉之!夫无趾,兀者也,犹务学以复补前行之恶,而况全德之人乎!"

无趾语老聃曰:"孔丘之于至人,其未邪?彼何宾宾以学子为?彼且蕲以諔诡幻怪之名闻,不知至人之以是为己桎梏邪?"老聃曰:"胡不直使彼以死生为一条,以可不可为一贯者,解其桎梏,其可乎?"无趾曰:"天刑之,安可解!"

——《庄子·内篇·德充符》

道术相忘

子桑户、孟子反、子琴张三人相与友,曰:"孰能相与于无相与,相为于无相为?孰能登天游雾,挠挑无极;相忘以生,无所终穷?"三人相视而笑,莫逆于心,遂相与为友。莫然有间而子桑户死,未葬。孔子闻之,使子贡往待事焉。或编曲，或鼓琴，相和而歌曰："嗟来桑户乎！嗟来桑户乎！而已反其真，而我犹为人猗！"子贡趋而进曰："敢问临尸而歌，礼乎？"二人相视而笑曰："是恶知礼意！"子贡反，以告孔子，曰："彼何人者邪？修行无有，而外其形骸，临尸而歌，颜色不变，无以命之。彼何人者邪？"

孔子曰："彼，游方之外者也；而丘，游方之内者也。外内不相及，而丘使女往吊之，丘则陋矣。彼方且与造物者为人，而游乎天地之一气。彼以生为附赘县疣，以死为决疣溃痈，夫若然者，又恶知死生先后之所在！假于异物，托于同体；忘其肝胆，遗其耳目；反复终始，不知端倪；芒然彷徨乎尘垢之外，逍遥乎无为之业。彼又恶能愦愦然为世俗之礼，以观众人之耳目哉！"

子贡曰："然则夫子何方之依？"孔子曰："丘，天之戮民也。虽然，吾与汝共之。"子贡曰："敢问其方。"孔子曰："鱼相造乎水，人相造乎道。相造乎水者，穿池而养给；相造乎道者，无事而生定。故曰，鱼相忘乎江湖，人相忘乎道术。"子贡曰："敢问畸人。"曰："畸人者，畸于人而侔于天。故曰，天之小人，人之君子；人之君子，天之小人也。"

——《庄子·内篇·大宗师》

图书在版编目（CIP）数据

庄子寓言说解 / 王邦雄著. -- 北京：北京联合出版公司, 2019.11
ISBN 978-7-5596-3333-0

Ⅰ.①庄… Ⅱ.①王… Ⅲ.①道家②《庄子》—研究 Ⅳ.①B223.55

中国版本图书馆CIP数据核字(2019)第115817号

本书由台北远流出版公司授权出版中文简体字版，限在中国大陆地区发行。
本书中文简体字版权归属于银杏树下（北京）图书有限责任公司。

庄子寓言说解

著　　者：王邦雄	选题策划：后浪出版公司
出版统筹：吴兴元	编辑统筹：梅天明
特约编辑：张　妍	责任编辑：牛炜征
装帧制造：墨白空间·张萌	营销推广：ONEBOOK

北京联合出版公司出版
（北京市西城区德外大街83号楼9层　100088）
北京天宇万达印刷有限公司印刷　新华书店经销
字数97千字　889毫米×1194毫米　1/32　5.5印张
2019年11月第1版　2019年11月第1次印刷
ISBN 978-7-5596-3333-0
定价：36.00元

后浪出版咨询(北京)有限责任公司 常年法律顾问：北京大成律师事务所　周天晖 copyright@hinabook.com
未经许可，不得以任何方式复制或抄袭本书部分或全部内容
版权所有，侵权必究
本书若有印装质量问题，请与本公司图书销售中心联系调换。电话：010-64010019